わたしたち消費

カーニヴァル化する社会の巨大ビジネス

鈴木謙介
電通消費者研究センター

幻冬舎新書
062

JN275795

まえがきに代えて

鈴木謙介

この本は、「商品を売るためのメカニズム」について考察した、いわゆるマーケティングの書籍です。そうしたマーケティング本には、具体的な成功事例をもとに一般的な法則を導き出すものから、社会のトレンドの変化を紹介しつつ、「今こういう売り方でこういう層にアピールするのが効果的だ」などと提唱するコンセプト的なものまで、様々なアプローチがあり得ます。

対して、私の肩書きは「社会学者」ということになっています。社会学に限らず学者の世界は、過去・現在の事実に基づいた分析を行うのが仕事ですから、コンセプト的な未来予測や、具体的なお金儲けの方法を考えるのは、あまり得意ではないと思われています。他の方は知りませんが、少なくとも私自身は「お金儲け」とは縁遠い種類の人間です。

なぜそんな人間が「商品を売るメカニズム」についての本を出すのか、疑問に思われる人の方が多いと思います。本書の議論に入る前に、その辺りのことについて書いておこうと思います。

かねてから私は、自分の書いたものが、お金儲けをしたいと思っている人にも役に立つものでなければ意味がないと考えていました。インターネットや若者の行動・心理を通じて、今の社会はどういうことになっているのかについて分析するのが私の主な仕事ですが、頭の隅には常に、「読者にここからビジネスのチャンスをくみ取ってもらえれば嬉しいな」という思いがありました。

なぜなら、私の描く社会の姿は、ごく一部で生じているだけのものかもしれないが、それは望ましい未来の社会を生み出す、重要な鍵になると考えているからです。あらゆることが資本の論理で動く現代社会では、望ましい未来を作るためには、多くの人に「その未来像ならお金が儲かりそうだ」と思ってもらうのが、一番手っ取り早い手段になります。

そういったわけで本書では、私がいままで考えてきたことの延長で、よりビジネスに近い領域で社会分析を行いました。ただ、「巨大ビジネス」とうたっている割にはところどころ、いわゆるマーケティング本には出てこないような話も出てきますが、それには「来るべき社会の姿を考える」という目的があるのです。

では、私の考える望ましい未来とはどのようなものか。

「インターネット的な原理がうまく機能している社会」というのが、さしあたりの答えになります。この言い方は、人によってイメージするものが変わるでしょうから、中立的ではありませんし、現実は刻一刻と変化するので、暫定的なものにならざるを得ません。より詳しい説明としては、「インターネットから生まれた人と人とのつながりや、コミュニケーションの盛り上がりによって、企業と消費者の関係が、商品とお金を交換するだけの一方的なものから、双方向的な協力関係へと変化する」ということになるでしょうか。

もう長い間、インターネットがビジネスを変える、社会を変えると言われていますが、私はそうしたことを、実感を持って受け止めていません。むしろネットが普及するほど、ごく一部の売れ線の商品に人気が集中したり、「劇場型政治」のように、限定されたメディアの情報で判断を下したりといった例が目に付くようになったと思っています。最近では、だからこそネット社会は危険なのだ、昔のシステムの方がよかったのだ、という懐古的な風潮も目立つようになってきました。

そうした後ろ向きの議論にも、同意する点はあります。ですが全体としては、ネット社会の登場によって、これまでのやり方が通用しなくなって問題が生じるのならば、理想的なネット社会を作るべく努力する方がいいのではないか、と私は思います。この本で述べる新しいコミュニケーションのスタイルが生む消費は、私にとっては、そうした努力の目標のひとつでもあります。

「マーケティング」という「市場の言葉」にこだわった理由はもうひとつあります。

二〇〇五年に私は、『カーニヴァル化する社会』（講談社現代新書）という本を出しました。その本で私は、未来への目標を失った若者たちが、「瞬間的な盛り上がり（カーニヴァル)」と、「盛り上がりの根拠のなさに気付いて無気力になる状態」の間を往復しながら、現に生じている格差を肯定する「宿命論」の方へと導かれているのではないか、と述べています。

その「宿命」を乗り越えるための方法については、二〇〇七年に出した『ウェブ社会の思想』(NHKブックス)という本で考察したのですが、それでも私にはひとつ気になっていることがありました。三浦展氏の『下流社会』(光文社新書)という本です。同書の中で三浦氏は、私の『カーニヴァル化する社会』を引きながら、目先の盛り上がりに誘導されていく若者たちを、上昇意欲を欠いた「下流」像のひとつとして描いています。私の意図は「だから若い奴はダメなんだ」ということにはなかったので、三浦氏の下流論を下支えする形で議論が援用されたことに、いささかの落胆を感じました。「下流」という存在がどの程度いるのか、三浦氏の議論が偏ったデータに依拠しているのではないか、といった批判は数多くあります。たとえば、若者への憎悪と偏ったデータに支えられた無根拠な若者批判である「俗流若者論」を糾弾し続けている後藤和智氏は、『ニートって言うな!』(光文社新書)の中で、下流論が若者への偏見を増幅していることを指摘しています。

こうした議論が重要であることには、私も同意します。しかしながら、「下流」対「下流批判」の議論が、「政治の言葉」であることもまた確かです。下流論は既に政治の言葉になっている側面もありますから、「政治の言葉」としての下流批判には意義があります。ですが、三浦氏がマーケターであることからも明らかなように、下流論は、「市場の言葉」としての意味も持ち合わせているのです。実際、三浦氏は自身の下流論に基づいた「下流マーケティング」の本を、何冊か刊行しています。

「市場の言葉」の中身を批判しようと思えば、別の「市場の言葉」を用いるしかありません。本書で私は、『カーニヴァル化する社会』の議論の抽象的な側面をあえて切り捨て、それが新しいコミュニケーションのスタイルを生み出す可能性について述べています。そうした畑違いの仕事をしなければならなかったのは、「下流って言うけど、実はカーニヴァルにだって理想の未来を生み出す力があるのだ」ということを主張したかったからです。その戦略がどこまで成功しているのかの判断は、読者の皆さんにゆだねますが、そのような意図があったことは、頭の片隅にとどめていただければと思います。

最後に、本書の構成について述べておきます。本書は大きな二つのパートから成り立っています。一章から四章までの第一パートでは、わたしたち消費という新しいスタイルについて、鈴木の独自の視点から解説しています。これは、語りおろしの原稿に大きく手を入れる形でできあがったものです。

第二パートになる第五章では、本書の成立のきっかけを与えていただいた株式会社電通の消費者研究センターの立場から、わたしたち消費を、現代社会の新しい大衆消費へと結びつけていくための手法が述べられています。第一パートと第二パートの議論はそれぞれ独立していますが、旧来型の「マス向けマーケティング・マス消費」とは異なる「大衆的なヒット商品」が生まれているということ、そして、そのメカニズムを分析するという視点は共有されています。

本書の議論が、望ましい未来の姿や、次の時代のビジネスを考えるヒントを提供できれば、著者としては幸いです。

わたしたち消費／目次

図版作成　武内未英

第一章「それって人気なの？」——姿の見えないヒット商品

「脳トレ」に匹敵する人気ゲームたち

この数年、私たちの周囲でもっとも流行したヒット商品といえば、間違いなくニンテンドーDSやウィー（Wii）などの「ゲーム」でしょう。その昔は「流行歌」なんていって、国民的なヒットといえばレコードやCDのイメージがありました。それより前になると、銀幕のスターたちが活躍した頃の日本映画が、大衆文化産業の花形と言われていました。その映画も、テレビの普及と共に、かつてほどの勢いはなくなっていったわけですが、今ではお茶の間のテレビさえも、DVDの普及や多チャンネル化の影響で、「日本中の誰もが見る番組」を作れないでいます。

そんな時代に、ゲームが売れているのです。

ゲームというと、子どもがやるもの……というのも実は間違っています。テレビゲームが登場するまで、ゲームといえば花札、トランプ、パチンコなどの「大人の遊戯」のことを指しました。ビデオゲームの時代になっても、「インベーダーゲーム」のようなヒット作品は、喫茶店に設置されているもので、高校生が遊んでいると「不良」扱いされていたはずです。

いまヒットしているゲームは、そうした「大人」の世界の遊びとは関係のないものです。昨今のゲーム界最大のヒット商品、それは「脳トレ」関連のソフトです。

脳トレブームといえば、計算ドリルに始まり、テレビ番組、おもちゃ、エクササイズまで、「脳を鍛える」という言葉をそこかしこに見かけます。なかでも代表的なのがニンテンドーＤＳの大ヒット商品「脳を鍛える大人のＤＳトレーニング」です。海外での販売も含めると、シリーズ累計で販売本数一二〇〇万本を記録しています（二〇〇七年三月現在）。

もう少し売り上げのデータを細かく見ると、このゲーム、発売された二〇〇五年度だけで国内、海外あわせて約四〇〇万本、二〇〇六年度は国内、海外でそれぞれ四〇〇万本前後の売り上げだそうです。発売から一年以上経《た》って、それでも四〇〇万本も売れているのです。

これだけ売れたのだから、誰もが知っているのは当然だ、と思われるかもしれません。ところが、二〇〇六年度の売り上げ本数で見ると、もっとも売れたタイトルは、「ＤＳ

トレーニング」ではないのです。国内売り上げでは、「ポケットモンスター　ダイヤモンド／パール」の約五〇〇万本、「Ｎｅｗスーパーマリオブラザーズ」の約四五〇万本というのが、ニンテンドーＤＳソフトの売り上げ一位、二位を占めています。

数で言えば「ＤＳトレーニング」以上に売れていますが、これらのタイトルをご存じだった方はどのくらいいるでしょうか。あるいはお子さんやお孫さんにせがまれて買ってあげた、という方でも、これほど売れているという実感はなかったのではないでしょうか。数字の売り上げが大きいからといって、かならずしも私たちの実感に響くヒット商品になるというわけではないようです。

ちなみに四〇〇万、五〇〇万という数字の感覚を知っていただくために参考として挙げておくと、一九八八年に発売され、社会現象にまでなったファミコンソフト「ドラゴンクエスト3　そして伝説へ」は、その後のリメイク版まで含めて、累計で約五〇〇万本の売り上げだったそうです。リメイク版を除くと、四〇〇万本に届かないくらいの数字でしょう。

日本の人口を超えるヒット、カードゲーム

売れているという実感はないのに、売り上げ数を見るとヒットしている商品の事例は他にも挙げられます。例えば「オシャレ魔女 ラブ and ベリー」というゲームをご存じでしょうか。ラブとベリーという女の子二人にオシャレをさせてダンスを楽しむゲームで、この二、三年、主に小学生の女の子を中心に、ゲームセンターで大流行しています。筐体《きょうたい》が九〇〇〇台以上出ているという驚異的な流行です。オシャレをさせるためにはカードを購入しなくてはなりませんが、そのカード発行枚数はなんと一億八三〇〇万枚にもなります。

実はこのゲームには様々な派生商品があるのも特徴です。ラブ and ベリーを主人公にしたアニメが放送され、家庭用ゲームやCDも発売されています。ニンテンドーDS版は昨年末の時点で一〇〇万本以上出荷しています。また、ゲームのなかでラブとベリーに着せる服を、実際に小学生の女の子が着る服として販売するリアル店舗まで登場しました。映画も昨年公開されて、興行収入は五億円に上りました。

これだけのヒットとなると、小学生の女の子だけが消費者とは言い切れません。当然、

女の子のお母さんたちをも巻き込んだブームになっているわけです。実際に娘といっしょにゲームセンターで遊んでいるお母さんもいます。

カードゲームがヒットしているのは女の子の間だけではありません。

男の子向けには「ムシキング」というカードゲームが大人気です。発売元であるセガ・ファミリーエンターテイメントの植村比呂志氏によると、ムシキングは筐体の設置店舗数五〇〇〇店舗、総設置台数一万三二〇〇台。カードの売り上げは三年間で二億三〇〇〇万枚にものぼるそうです。

日本の人口を上回るほどのカード枚数が売れている、それだけヒットしているゲームですが、しかし一般的に見た時に、このゲームの認知度はどの程度あるものでしょうか。小学生やその家族以外にまで、この流行が波及しているようには、どうも見受けられません。

私がこの本で考えたいと思っているのは、こうした「姿の見えないヒット商品」、つまり売れているという実感を伴わない、局所的なヒット商品です。こうしたヒットや流行が生まれる背景を通して、いまの社会を動かしているメカニズムとしての「新しい大衆」を分析してみよう、というのが本書の趣旨になります。

誰が読んでる、ケータイ小説

話の中身に入る前に、もうひとつだけ例を挙げておきましょう。

次の表は、二〇〇七年上半期のベストセラー小説ランキングです。実はいま、このランキングが様々なところで物議を醸しているのです。というのも、「ケータイ小説」と呼ばれる一群の作品が、上位を席巻したからです。

一位の『赤い糸』、二位の『もしもキミが。』、五位の『純愛』、九位の『クリアネス』、この四作は、書籍として刊行される前に、携帯電話向けのウェブサイトで公開されていた作品でした。こうした、書籍ではなく携帯電話の画面で読む小説を「ケータイ小説」といいますが、ケータイ小説出身の作家の作品まで含めれば、実に半分以上が「ケータイ小説」ということになります。多くの作品は無料で読むことができるのですが、書籍化されても、表のように大ヒットするのです。また、マンガ化・映画化された作品も多数あります。

2007年上半期ベストセラー
単行本フィクションの部 ベスト10(日販調べ)

順位	書名	著者名	出版社
❶	**赤い糸(上)(下)**	**メイ**	**ゴマブックス**
❷	**もしもキミが。**	**凜**	**ゴマブックス**
3	一瞬の風になれ (1)(2)(3)	佐藤多佳子	講談社
4	今でもキミを。	凜	ゴマブックス
❺	**純愛**	**稲森遥香**	**スターツ出版**
6	DDD (1)	奈須きのこ	講談社
7	ひとり日和	青山七恵	河出書房新社
8	東京タワー	リリー・フランキー	扶桑社
❾	**クリアネス**	**十和**	**スターツ出版**
10	翼の折れた天使たち 星	Yoshi	双葉社

ケータイ小説というのは作品を公開するプラットフォームの名称ですから、携帯電話で読むことができれば、どんなものでも構わないはずです。ですが、ケータイ小説のヒット作を詳しく読むと、それ以外にもかなりの共通点が見つかります。ひとつは、プロの作家ではない人が書いている場合が多く、読み手もあまり小説を読まない人が中心なのではないかと言われていること。つまり、「素人が素人に読ませる」ものであるということ。そのせいか、文章や表現が稚拙で、展開にも難がある作品ばかり、などと揶揄されることもあります。

もうひとつは、キャバクラやホストなどの夜の世界、親からの虐待やリストカット、レイプ、中絶、自殺などの重たいテーマを扱った作品が目立つことです。作品によっては、作者の実体験を元にしているとも言われます。ただ重たいテーマといっても、その扱い方が非常に表層的で、どこかで聞きかじったワンパターンのものになっているという批判もあります。もっとも最近では、学園ものなど、従来とは異なるタイプの作品も人気があるようですが。

こうした特徴や、あるいは携帯電話向けということで「横書き」になっている点も含め、プロの作家の方の中には、「あんなものは小説じゃない」とお怒りの方も多いようです。ですが、いまや売れているのはケータイ小説の方。しかもケータイ小説投稿サイト「魔法の図書館」では、一〇〇万点を超えるケータイ小説が公開されており、人気作品は文庫本やマンガのシリーズとして刊行されるというビジネスモデルができあがりつつあるのです。

私自身はケータイ小説を、文化的に面白い現象だと思っていますが、本書のテーマとはずれるので、これ以上ふれるのはやめておきましょう。重要なのは、こんなに売れているにもかかわらず、誰がケータイ小説を読んでいるのか、その姿がさっぱり見えてこないことです。女子高生が読んでいるという説や、話の内容から類推して、二〇代の女性が主な読者ではないかなど、色々と言われていますが、実際のところは定かではありませんし、何より「自分の周りでケータイ小説を愛読している人に会ったことがない」という人が大半なのではないでしょうか。

「姿の見えないヒット商品」の特徴は、売れているという数字の部分と、私たちの多くがその商品に対して持っている実感とが、大きく乖離《かいり》している点にあります。売れているのにその実感がないのはなぜなのでしょう。そのことを考えるために、まずは「実感のあるヒット」の仕組みについて話していくことにしましょう。

流行に見る大衆の心情

ヒットの「実感」とはどこから生まれるのか。一般に、多くの人が「これはヒットしている」という実感を持つとき、それは「流行」という現象だとみなすことができます。こう言うと「そんなの当たり前じゃないか」と思われるかもしれませんが、実は流行という現象は、一〇〇年以上にわたって、社会科学者たちの関心の的となってきました。

流行が生じる原因を、「劣等者による優等者の模倣」として定式化したフランスの社会学者タルド、流行とは単なる模倣ではなく、「人と違う存在でありたい」という差異化の欲求と模倣との拮抗のダイナミズムであると捉《とら》えたジンメルの説などが有名ですが、こうした流行の研究は、一九世紀末から二〇世紀初頭にかけて盛んになります。

現代では、これにマスメディアの影響などが加わり、流行が大衆的な現象として観察されることもあります。大衆とマスメディアの関係については第二章であらためて扱いますが、おおむね、二〇世紀の半ばまでは、大衆的な流行が、人びとの間の心情的な実感を反映したものだと捉えられていました。

社会学者、見田宗介の『近代日本の心情の歴史』という本は、一八六八年から一九六三年までの流行歌を分析して、「怒り」や「慕情」などのモチーフがどのように歌われてきたかを明らかにすることで、二〇世紀半ばまでの「大衆の実感」を描き出したものです。六三年以降で言うと、テレビの普及によって、コマーシャルから世相を映すキャッチコピーが生まれることが多くなります。バブル最中の一九八八年に登場した栄養ドリンクのコピー「二四時間戦えますか」の流行は、良くも悪くも当時の生き急いだ空気を反映していると思われました。

ただ、他方でそうした「大衆の心情」のようなものが見えにくくなっていったのも事実。七〇年代最大のヒット曲といえば「およげ！たいやきくん」ですが、この曲から「自由になりたいけど自由になれない」サラリーマンの心情が読み取れる、などと言われると、そうなのかな？　という気にさせられます。あるいはそれに次ぐヒット曲、宮史郎とぴんからトリオの「女のみち」の場合、「8時だヨ！　全員集合」でコントに使われたからという「メディアが生んだヒット曲」という性格を強く持っています。

八〇年代以降は、ニューミュージック、J－POPの時代に入りますから、何百万枚売れても、「これが今の日本の心情を代表する曲だ」とは言いにくくなります。若者の一部、それを好きな人の間の心情は代表していたかもしれませんが。

ヒットが姿を現すとき

大衆的な心情の表れとしての「ヒット」ではないヒットも、もちろん存在します。というより最近は、そちらの方が多いでしょう。では、そういうヒット商品は、なぜ「ヒット」したのでしょうか。

よく言われているのは、マスメディアの影響です。メディアで「いま、これが売れている！」と喧伝することで「売れている」ことが実感として受け止められていく。あるいは、実際には売れていない商品を「大人気！」などと報じることで、人びとが勘違いをして、それを購入するという具合です。テレビの「俗悪な番組」を批判する大人から、自分たちの意見と異なる情報の発信を批判するネット上の書き込みまで、私たちの多くは、マスメディアが、受け手の見方を誘導しているという見解に同意しているようです。

ですが、こうした主張はあまりに素朴です。マスメディアが世論に与える影響力は甚大であるという考え方を、研究者の間では「強力効果説」といいます。しかしながら、その後の実証研究によって、人びとはそれほど単純にマスメディアのメッセージを受け取っているわけではないことが明らかになってきました。

その先駆けとなったのは、P・F・ラザースフェルドらが『ピープルズ・チョイス：アメリカ人と大統領選挙』（邦訳一九八七年、芦書房）において示した知見です。彼らはここで、一九四〇年に行われたアメリカ大統領選挙を題材に、マスメディアが発信する情報はまずオピニオン・リーダーに伝播し、その後「その他大勢」に広がっていくと述べています。これは後の『パーソナル・インフルエンス』（邦訳一九六五年、培風館）で「コミュニケーションの二段の流れ」説として定式化されます。

一九六〇年代くらいまで、マスメディア研究では「強力効果説」ではなく「限定効果説」が主流になります。J・T・クラッパーの『マス・コミュニケーションの効果』（邦訳一九六六年、日本放送出版協会）が有名です。

その後、場面や機能を限定すれば、実はマスメディアの影響力は強いのではないかという学説が多数登場しますが、その辺りの話はちょっと割愛して、ではマスメディア以外に、ヒット商品の実感を作る要素は何か、ということを考えてみましょう。

限定効果説の時代から挙げられていたのが、「人」の機能です。「オピニオン・リーダー」のように、マスメディアの情報に敏感な人が、他の人にその情報を伝えることで、世論が形成されるというものですね。消費研究の分野では、似たような構造を持つものとして、E・M・ロジャースの「イノベーター理論」が有名です。

イノベーター理論では、市場は五つの異なるタイプの消費者によって構成されていると考えられています。新しい商品に飛びつくタイミングの早い人たちから順に、「イノベーター」（二・五％）、「オピニオン・リーダー」（一三・五％）、「アーリー・マジョリティ」（三四％）、「レイト・マジョリティ」（三四％）、「ラガード」（一六％）となります。

この考え方に従えば、新しい技術や商品が普及する過程では、超新しもの好きのイノベーターではなく、オピニオン・リーダーの役割が重要になります。彼らをあわせた最初の一六パーセントを超えると、その技術や商品は普及期に入るというのです。

ただ、最近ではこの考え方に対して、実はオピニオン・リーダーとアーリー・マジョリティとの間には、見過ごすことのできない断絶《キャズム》があるという説が注目されるようになっています。ジェフリー・ムーアが『キャズム』（邦訳二〇〇二年、翔泳社）で示した仮説によると、ある製品のすばらしさに気付いたイノベーターやオピニオン・リーダーによって積極的に採用されても、それがアーリー・マジョリティの段階になると理解されず、普及の波に乗れないまま埋もれてしまうというのです。

キャズムという考え方は、「なぜ自分たちはこんなに素晴らしい製品を作って、ある程度までは受け入れられたのに、市場において標準となることができないのだろう」と考えていたIT技術、ネットサービスなどの分野の人びとを中心に広く受け入れられています。確かにネットの分野では、ネット上ですごく話題になっているのに、あまりネットを使わない人は誰も知らないという「局所的な流行」が多い気がします。

【キャズムの構造】

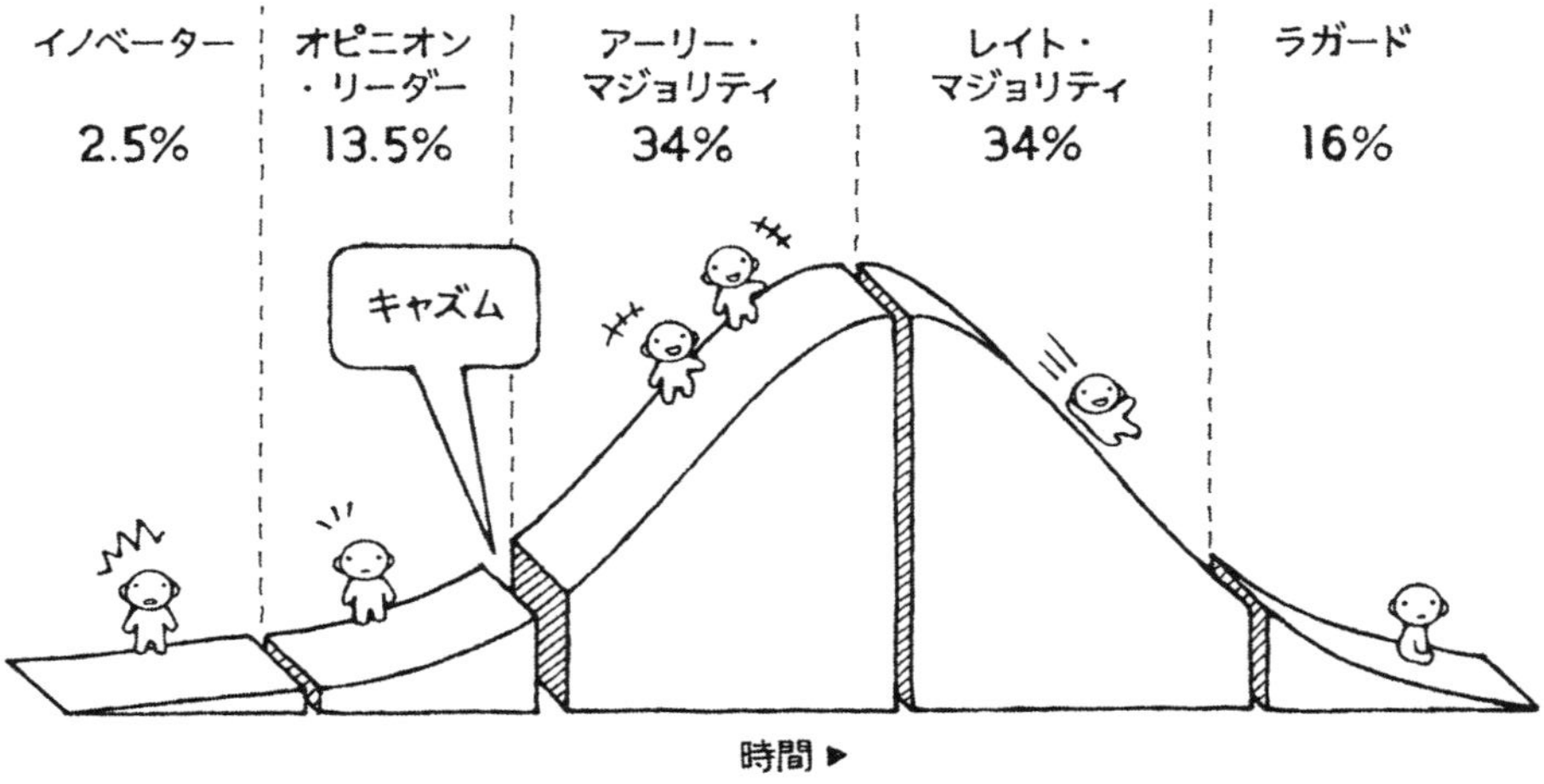
イノベーター
2.5%
オピニオン・リーダー
13.5%
アーリー・マジョリティ
34%
レイト・マジョリティ
34%
ラガード
16%
キャズム
時間 ▶

一部しか知らないから実感がないのか

キャズム説は、イノベーター理論と同じく新技術の普及過程の話を題材にしていますから、一般的な商品の流行まで広げて考えるべきではないかもしれません。ただこの考え方には、流行を巡るひとつのジレンマがよく表現されています。

先ほど、流行とは差異化と模倣の拮抗の過程であるというジンメルの説を紹介しました。それをよりくだけた言い方で説明するとこうなります。流行とは、まだ誰にも知られていない先進的なものだから、私だけが知っているのだ、ということで他人に見せびらかすことができるわけです。ところが、本当に誰も知らないものだと、見せびらかしても自慢することができない。だから流行は「みんなが欲しいと思っているけど、それを手に入れられる人が少数である状態」で生じます。経済学で言う、希少性の高い財に価値が生じるのと似たような理屈です。

しかし、その商品がいつまでも手に入れられないままだと、多くの人はその流行を追うことをあきらめ、場合によっては「あんなもの、かっこよくもなんともない」といった形で、商品に対する欲求を否定してしまうでしょう。企業の側も、みんなが欲しいものは売れると分かっているのだから、積極的に市場に商品を提供します。ところが、そのようにして商品があるところまで普及してしまえば、財の希少性が薄れ、流行はいずれ終わってしまうわけです。

さて、この本の冒頭で挙げた「姿の見えないヒット商品」たちを、こうした理屈で理解することができるでしょうか？

ケータイ小説をはじめとするヒット商品は、確かに局所的なものにも見えます。子どもの間だけで流行《はや》っているから、大人は知らなくて当然だ、と思われるかもしれません。「感動しました」「号泣！」「ケータイサイトで人気ナンバーワン」といった彼女たちの声をメディアが流すことによって、それに反応する人たちが続出したのだとしても、その声は女子高生には届くかもしれませんが、それ以上の広がりにはなかなかつながっていないのも事実です。一般的な反応としては、せいぜい、「ケータイ小説なんて小説とはいえない」といった冷たい感想がかえってくるくらいではないでしょうか。

ですが、キャズムを超えていない「一部だけのはやりもの」と呼ぶには、過去のヒットと比べても、数の規模が少し大きすぎる商品が生まれている気がします。事実これらは、それぞれの市場の中でもっとも売れている商品なのですから。

だとすると、こうした商品は、これからどんどん普及していくもので、売れているという実感を持っていない人たちの感性が鈍いということなのでしょうか。これもどうやら当てはまらなそうです。子ども向けゲームを欲しいと思う人は、やっぱり子どもなのでしょう。

多くの人が「ヒットしている」という実感を持てないのは、そもそもそれが受け手の限定された商品だからです。なのに、それが欲しいと思っている人たちの間では、数百万という規模の市場が生まれているのです。どうやら問題は、売れ方というより、「ヒットしている」という実感を作る構造の方にありそうです。

なぜヒットの実感は生まれないのか?

ある人が欲しいと思っているものが、別の人は欲しくない。当たり前の話のようですが、実は最初からそうだったわけではありません。

資本主義が発達した近代社会では、何かを「欲しい」と考える動機付けは、おおざっぱに言うと二つの要素に分かれます。ひとつは、「欠乏」に基づく「必要」という動機。もうひとつは、「物語」への帰依《きえ》に基づく「消費」という動機です。

欠乏に基づく必要というのは分かりやすいですね。お腹《なか》が空《す》いているのでご飯が食べたい、住む場所がないので家が欲しいという話です。誰もが豊かというわけではなかった時代には、その欠乏を埋めるために必要なモノを手に入れるという動機が強く表れました。

ところが、その必要という感覚は、単純な欠乏だけから生まれるわけではありません。人びとが何を欠乏だと考えるかは、その時々の〈物語〉に大きく左右されます。戦後のある時期まで、日本に存在していたのは「人並み」という〈物語〉でした。その場合の人並みとは、「三種の神器」（洗濯機、冷蔵庫、テレビ）、「3C」（カー、クーラー、カラーテレビ）などのモノを持っていることを意味しました。ですが、これらが生きていくのに「必要」かと言われると微妙です。それらは「人並みの生活」を送るために「必要」だったわけです。

「人並み」というのはその時代がもつ〈物語〉です。なので、「必要」と「消費」という動機付けは常に一体になって現れます。社会の〈物語〉を消費する側面を強調して「消費社会」という言い方をすることもあります。たとえば赤い車より青い車の方がかっこいい、というのは〈物語〉ですが、消費社会では、こうした〈物語〉を手がかりにした「記号的差異」を消費しているわけです。

モノの欠乏が明らかで、誰もが必要に迫られてモノを欲しがっていると思われていた時代にも、〈物語〉は存在していました。車なら「みんなと同じ」がカローラで、その上に少し大きめの国産車、そのさらに上には外車といった格付けが明確に意識されていました。そうした格付け（「車格」）を受け入れ、「人並み」を目指すのが平均的な消費者の姿であったといえるでしょう。

しかしながら、社会のある程度の層が人並みの水準の所有にたどり着くと、「みんなと同じモノを所有して人並みの生活を送りたい」という〈物語〉の意味が希薄になります。それはあらゆる財で同じように生じるわけではありませんが、少なくとも「もうワンランク上」の水準が「人並み」という、個人の外部に基準を置いたものになっていた以上、そのさらに先を目指そうと思っても、その〈物語〉は用意されていないわけです。

「ほしいものが、ほしいわ」

人並みを目指すという明確な序列意識を誰もが共有していた時代の〈物語〉が、多くの人に達成されたことで、消費活動における〈物語〉は効力を失ってしまったのでしょうか。そうではありません。失われたのは、誰もが同じ方向を目指すという動機付けを提供していた「人並み」の〈物語〉です。それは、大量にモノを作って消費すれば、人はもっともっと豊かになれるという「モノの豊かさ」への信仰の終わりだと言ってもいいでしょう。

人びとが豊かさを求めた時代の後にやってくるのが「感性」の時代です。エッセイストの天野祐吉さんが、一九八二、三年の「おいしい生活」や八八年の「ほしいものが、ほしいわ」など、糸井重里さんの手がけた西武百貨店の広告コピーを振り返って、次のようなことを述べています。

それまで、物を選ぶときには、「良い」「悪い」という固定的な価値観で選んでいたけれど、自分自身の「好き」「嫌い」というものさしに変えたっていいじゃないか。「おいしい生活」というのは、そういう提案だったと思うんですね。もっと、自分の感覚を自由に解放していいんじゃないかと。それまでは、〝豊かな生活〟というイメージを売るのが広告の常套手段だったけれど、西武はそういうコンセプトの百貨店に変貌するよと、いち早く宣言した。…（中略）…それは、やがて、「ほしいものが、ほしいわ」につながっていく。これは、言ってみれば、大量生産・大量消費社会の終焉を宣言しているコピーだったと思います。

（辻井喬・天野祐吉「グローバリズムに打ち勝つ強い〝大衆〟になれ」『中央公論』二〇〇七年一〇月号）

天野さんは回想として述べていますが、面白いのは、こうした「みんなが共有している固定的な価値観の時代は終わりで、これからは個人が感性に従って消費するモノを選ぶ時代だ」といった物言いは、一九八〇年代からずっと言われているということです。くわしくは次の章で述べますが、私自身は、こうした物言いを、多少の距離感を持って受け止めています。確かに私たちの生きているいまも相変わらず大量消費の社会ですが、誰もが共有する確固たる価値観が社会全体にあるとは、到底思えないからです。

共有された価値観が見あたらないということは、言い換えれば、商品の間の確固たる序列が失われているということです。といっても、それは社会全体での話です。個人の中には、自分の好みによって配置された序列が存在していることもあります。特に興味のない分野では、他人に言われるままに価値の序列を判断しているかもしれません。

ともあれ、大事なのは「序列がなくなった」のではなく、「序列が人それぞれになった」ということなのです。高級車は依然「高級」車ですが、それは「価格が高い」という以上の意味を持ちません。「価格が高い」から「良い」と判断する人もいますが、「ハンドルの握り具合が好きだから」、「デザインが好きだから」その車を選ぶといったように、価値序列を決める基準が多様化するのです。

あわてて補足をしなければなりませんが、これは、〈物語〉が共有されなくなった現代では大きなヒット商品は生まれない、ということを意味していません。たまたま多くの人が同じ価値観で同じモノを選択することも、選んだ人のそれぞれの理由はバラバラなのに、同じ商品に支持が集中するという現象も起き得ます。そうではなく、選択の基準が「みんな」から「わたし」に移ったということが重要なのです。

こうした状況では、たとえ「みんなと同じモノが欲しい」という選択でも、個人的に選ばれたものに過ぎないということになります。かつてなら、「人並み」を目指すことは、誰にとっても共有された目標で、隣の人も同じ序列を生きているという安心感を得ることができました。ですが現代では、自分の考える「良い」ものを他人も「良い」と思ってくれるかどうかは不確定です。あなたがある歌手を好きだと思っていて、このアーティストはみんなが好きなはずだ、と信じて他の人に薦めて回ったとしても、彼らからは、「あなたは」そのアーティストが好きなのだな、と思われるだけでしょう。

ロングテールの時代？

むろんこうした時代の変化の描き方は「モデル」に過ぎないので、ある年を境にして、あらゆる人びとの考えがいっせいに変わってしまった、ということとは違います。ですが、こうしたモデルに基づいて考えると、この章で考えてきた、「なぜヒットしているという実感のない商品が、こんなに売れているのか？」という疑問の答えが見えてきそうな気がします。つまり、ヒットの実感がない人は、商品を購入した人たちが共有している〈物語〉を共有していないから、実感がわかないで「なんでこんなものが欲しいのだろう？」と思ってしまうわけです。

では、なぜ数百万人もの人が、同じ商品に殺到したのでしょう？

本書の二つめの課題は、〈物語〉が誰にとっても自明の、共有されたものではなくなった時代に、それでも多くの人を引きつける要因があるとすれば、それは何かを明らかにすることです。

そのことについて説明するために、まずはありがちな誤解を解いておく必要があります。その誤解とは、「見えないヒットというのは、つまり、最近よく聞く〝ロングテール〟とかいう奴のことなんじゃないのか」というものです。この理解は、色んな点で間違っているのですが、そうした誤解が生じる理由も分からなくはありません。

そもそも「ロングテール」とは何かを、まず確認しておきます。

次の図のように、Y軸に売り上げの数量を、X軸に売り上げ順位をとったグラフを考えてみます。よく「二〇対八〇の法則」とか「べき法則」と言われますが、多くの場合、商品の全体の売り上げは、ごく一部の主力商品によって支えられていると考えられています。グラフで言うと左側の方にある商品です。しかしながら、最近になって、右側に並んだ商品の方に注目する考え方が出てきました。米国Wired誌の編集長、クリス・アンダーソンは、右側に延々と続いているほとんど売れていない商品群を、恐竜のしっぽになぞらえて「ロングテール」と呼び、アマゾンのようなコマースサイトが、これらロングテールの商品のニーズをかき集めることで、新しいビジネスモデルを作っていると述べました。

ロングテールのビジネスモデルが可能なのは、アマゾンが実際の店舗を持っておらず、普通だったら店舗面積の限界で置けないような商品も在庫できるからです。要するに、ロングテール理論からは、左側の主力商品が売れなくなる、という話は、直接には導き出せません。

ところが、インターネットの話となると「世の中が劇的に変わる！」と言ってもらわないと困る人たちがいるのか、どうもロングテールと聞くと、「もう売れ筋の商品なんか扱っても意味がないんだ」とか、あげくは「ロングテールの中から新しいヒット商品

【ロングテール】

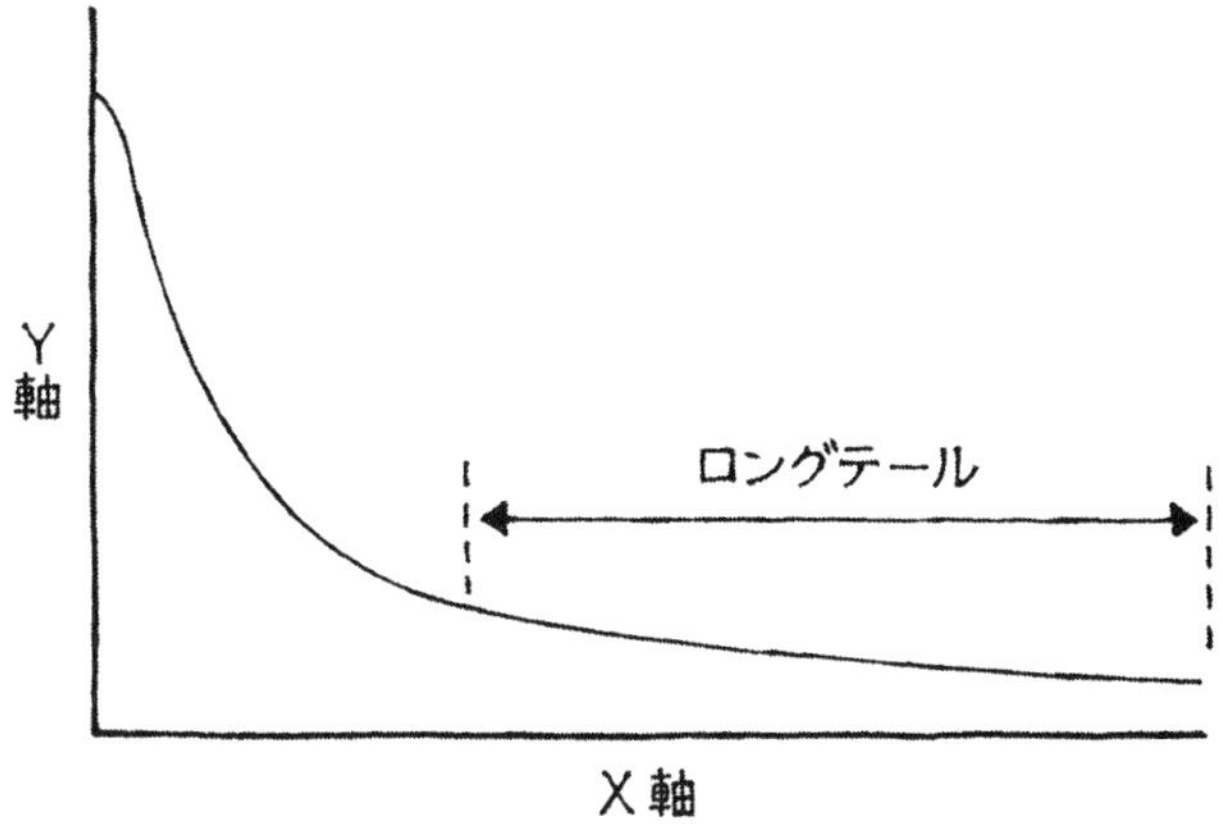

が生まれるんだ」ということだと考える人が、結構いるようです。アンダーソン自身も、インタビューでそう受け取れるような発言もしているので、あながち誤解とも言えないのかもしれませんが、これはすこし行き過ぎた解釈のような気がします。

売り上げと実感が乖離するヘッド領域

前に、ヒットしているのに実感がないのは、それを欲しいと思う〈物語〉が共有されていないことが原因だと述べました。すなわち、「見えないヒット」は、ロングテールではなく、「ヘッド」の領域で起きている現象なのです。そこでは、実際の売り上げに見合うだけの、「ヒット」という社会全体の実感が伴っていないということになります。

分かりやすくするため、先ほどの図のヘッド部分を強調したのが次の図です。

なぜこうした描き方をしたのか、ちょっと説明が必要でしょう。ロングテール論の前提になっているのは、先ほども述べた「べき法則」に基づく「スケールフリーネットワーク」の構造です。スケールフリーネットワークとは、少数のノード（点）にリンクが集中するネットワーク構造のことを指します。商品と売り上げの関係に例えると、ごく

【売上と実感の乖離する領域】

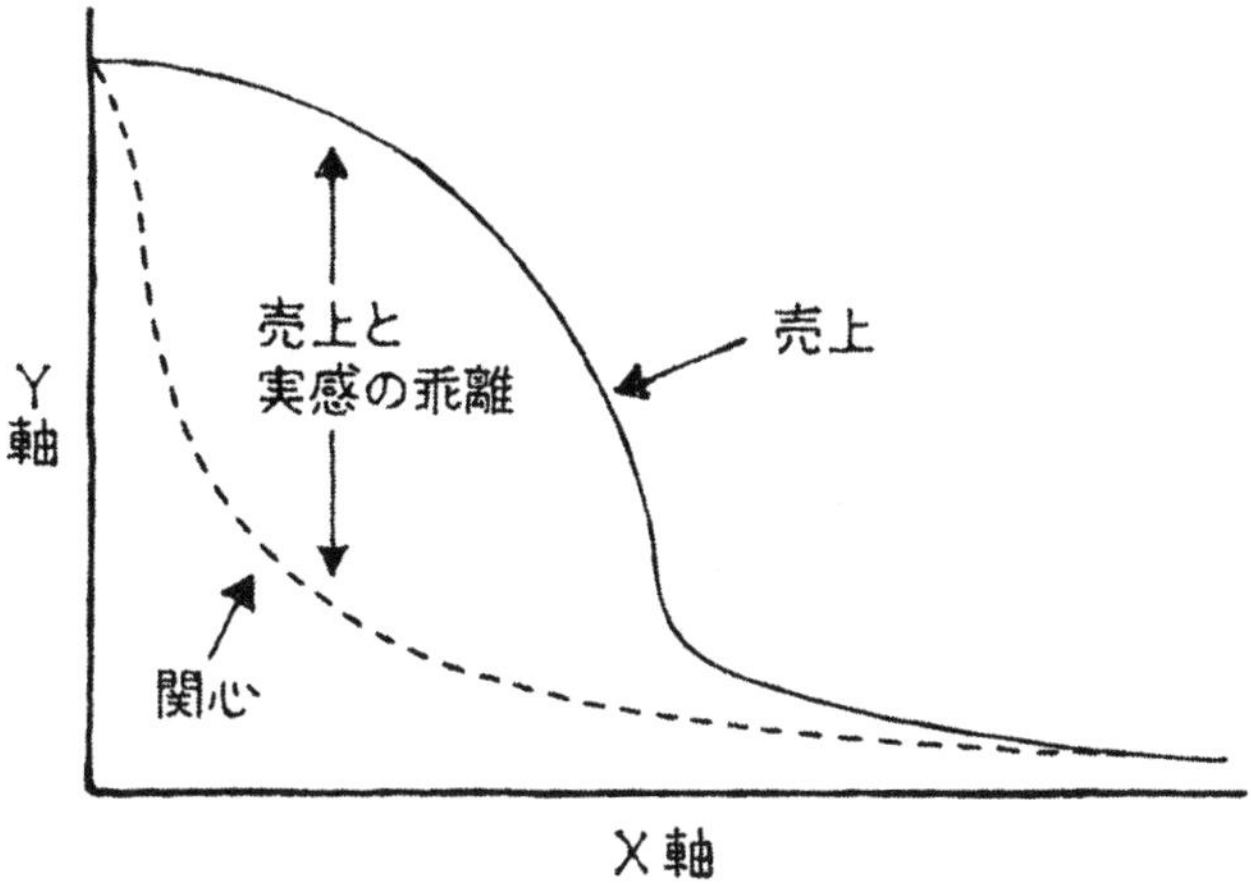

一部の商品だけがたくさん売れて、他はほとんど売れないという状態のことです。

つまり、大ヒット商品と鳴かず飛ばずの商品に、市場が二極化しているということなのですが、それだけだと、この本で述べてきた「見えないヒット」がどこに位置づけられるのかよく分かりません。おそらくヘッドの領域にも、ヒットの実感が得られているような商品と、実感はないけれど売れている商品というものがある。「見えないヒット商品」とは、ヘッド領域の中でも、売り上げと実感の乖離の大きい領域だと考えられるでしょう。もちろん、売り上げより先に実感の方が高まるケースもあり得るのですが、ここでは話を単純化するために、先に売り上げの方が上昇し、あとから人びとの実感が追いつくようなモデルを想定します。

なぜこうした乖離が生じるのか。多くの人びとが「人並み」といった〈物語〉を共有することが前提でなくなった時代には、めいめいが自分の関心に従って商品を選ぶようになると考えられているのでした。しかし、完全に自分の感覚に従って選択をすると、「実感」の方も完全にロングテールになってしまうわけですが、これはどうも、実態にそぐわないような気がします。実際、ジンメルが述べたのと似たような意味で、私たちは「そこまで売れているわけではないけれど、そこそこ人気のありそうなもの」を選ぶことの方が多いのではないでしょうか。イノベーター理論では「アーリー・マジョリティ」や「レイト・マジョリティ」の層が、似たような行動をすると言われています。

そうすると、人びとの実感は「売れている」という事象に引きずられる形で、あとから盛り上がってくると考えるのが自然です。それゆえ、見えないヒットが生まれている「実感と売り上げの乖離する領域」では、一部ですごく盛り上がっていて、売れてもいるのだけれど、多くの人の実感を得るまでには至っていない状況が生まれます。

「わたしのほしいもの」から〈わたしたち〉の消費へ

私としては「見えないヒット商品」は、実感と売り上げの乖離するこのヘッドの領域において起きている現象だと考えています。確かに数百万という数字は、特定のマーケットの中ではトップクラスの売り上げですが、日本全体で見れば一割にも満たない数字です。その中にいる人にとっては強い関心のあるマーケットでも、外側に出ればなんの興味もない人が多数、という状況は、十分にあり得ます。つまり、人びとの実感の方がテールが長いために、ヒットが生まれていくまでの過程で、売り上げとの間にタイムラグが生じるのです。

ということは、「見えないヒット商品」を考えるにあたっては、二つの点に注目する必要が出てきます。ひとつは、限られた領域で知られる商品が、「見えないヒット商品」になるのは、どのようなメカニズムにおいてなのかということ、もうひとつは、その「見えないヒット」が、もっと売れて、誰にでも見えるヒットになっていくプロセスです。

後者については、この本の最後のパート（第五章）での課題になりますので、私のパートでは、主に前者の問題について述べていこうと思います。

結論を先取りする形でそのメカニズムを説明すると、鍵になっているのは、一部の人の間だけとはいえ、その商品が強い関心を集めるきっかけです。重要なのは、その関心が、個別バラバラのものではなく、同じ関心を持っている人の間でのつながり、コミュニケーションによって強化されているということです。

「人並み」のモノに対する欲求が満たされた後、「みんな」ではなく「わたし」が欲しいものを、個々人が自分の感性に従って選択する社会が到来すると言われていたことは、既に述べました。ところが、「見えないヒット商品」のマーケットでは、その「わたし」の欲しいものが、「わたし」一人ではなく、他にも多くの人に求められているということが感じられるようになっており、それが商品に対する関心をさらに高めているのです。

もう少しくだけた言い方をすると、「見えないヒット」を支えているのは、「わたし」が欲しいと思っていたものは、実はわたしだけではない、〈わたしたち〉が求めているものだったんだ、という気づきであり、そこから来るよろこびや盛り上がりなのです。

いわば「わたし」の消費ではなく、〈わたしたち〉の消費。それをどうやって育てていくのかというのが、この本における私の最大の関心です。とはいえ、少々話を急ぎすぎたので、次の章では、〈わたしたち〉とは何か、という問題に迫るために、「みんな」型の消費や「わたし」型の消費が、歴史的にどのような経緯を辿《たど》ってきたのかを見ることにしましょう。

第二章

「みんな」から「わたし」へ

「みんな」意識はどこから来たか

大衆社会＝一億総中流？

前の章では、なぜ「見えないヒット商品」が存在するのかという点を、人びとが一様に同じ関心を向ける社会から、それぞれの感性に従って消費行動を決定する社会への変化と、そこで生じる見えないヒットのマーケットでの〈わたしたち〉消費という現象として説明しました。この章では、〈わたしたち〉消費の中身に入る前のおさらいとして、人びとがヒットの実感を得ていた時代の議論である戦後の大衆社会論と、その変化を追っていくことにしたいと思います。

大衆社会と言いましたが、「みんな」型の消費の大きな原理を作っているのは、この大衆社会という仕組みです。「みんな」は何を求めているのか、どの水準が現在における「人並み」なのかを意識させていたもの、それが日本の「大衆」のイメージでした。

より直截《ちょくせつ》には、「みんなのあるべき姿」と言い換えられるかもしれません。つまりそこでは、人並みの生活を送るための経済的・物質的な面での充実があり、そのイメージを人びとが目指すべき姿として共有していることが、さらにカネやモノの移動を推し進めるという関係があったわけです。

そのように考えるとき、ここで「大衆」と呼んでいる共有イメージが、いわゆる「一億総中流」に相当するものと重なっていることが分かるかと思います。ただ、この言葉で注意しなければいけないのは、「中流」といったとき、それが実態としての中流のことを指すのか、人びとの意識を指しているのかがあいまいであることです。基本的には、この「総中流」という言葉、「世間一般から見て、自分の生活の程度は上・中・下のどこに属すると思うか」という「意識」について聞いた、内閣府の「国民生活に関する世論調査」の結果を基にして言われることが多いのですが、それがどこまで実態とリンクしたものなのかは不明瞭です。というより過去四〇年にわたって、日本人の九割が「中」と答えているという事実が、後にも述べるように、イメージとしての中流のあいまいさを示していると言えるでしょう。ともあれ、日本において「大衆社会」が、戦後の経済的発展と結びつけられ、モノの拡充、生活水準の向上という面から認識されてきたことは押さえておく必要があります。

危険な存在だった「大衆」

ところが、学問の分野で「大衆」を論じるときには、必ずしも「中流の増大」といった面だけが注目をされてきたわけではないのです。

大衆とは、善い意味でも悪い意味でも、自分自身に特殊な価値を認めようとはせず、自分は「すべての人」と同じであると感じ、そのことに苦痛を覚えるどころか、他の人々と同一であると感ずることに喜びを見出しているすべての人のことである。

これは、一九三〇年に書かれたオルテガ・イ・ガセットの『大衆の反逆』の一節です。彼はここで「大衆」という存在を、他者への同一化を志向する人びととして描き、その危険性を指摘しています。背景にあるのは、一九世紀末から二〇世紀にかけての、近代ヨーロッパの「市民社会」の理想が形骸化していったという事実です。

市民社会とは、前近代の絶対王政と比較される、自由で対等な権利を持つ人びとによって営まれる社会のことを指します。しかしながら、農業から工場労働を中心とする都市型労働への移転、それに伴う、共同体などの伝統的社会からの人びとの解放によって、明確な意思を表明することなく、「みんな」の方へ漠然と流されていく「群れとしての大衆」という存在の暗部が明らかになってきます。

そのルーツを辿れば、フランス革命などの市民革命が、「多数者の専制」と呼ばれる、群衆の暴走をもたらすと批判した保守主義者、エドマンド・バークの批判にまで遡ることができますが、議論がもっとも盛んになるのは、第二次世界大戦前後のことです。

その背景にあったのは、ナチスに代表される大衆型政治の台頭です。ナチスのようなファシズムは、いわゆる「独裁」ではなく、当時もっとも民主的であると考えられていたワイマール憲法下での選挙を通じて選出された政治体制の中から登場しました。第二次大戦後は、世界でもっとも繁栄しているアメリカ合衆国という社会に、「大衆社会」の姿を見る議論が盛んになってきます。

産業社会と大衆化

なぜ人びとは自主的にナチスを支持し、民主主義を放棄してしまったのか。ユダヤ人であることからドイツで迫害を受け、アメリカに亡命した一連の知識人の中から、戦後の大衆論を先導する議論が多く登場します。なかでもここで言及したいのは、デイヴィッド・リースマンによるものです。

一九五〇年に『孤独な群衆』を著したリースマンは、同著の中で、大衆社会における人びとの人格類型について論じています。前近代の社会では、「伝統指向型」という類型が支配的です。前近代の社会には、災害や飢饉など、個人生活を左右する、制御不能な出来事が満ちあふれています。こうした社会では、個人は伝統や慣習のような束縛的要因に同調させられることで、社会の維持が図られることになります。

時代が下るにつれて、社会が拡大すると共に、単に伝統に従うのではなく、親のような権威的存在をモデルとしながら、富や名声といった一般的目標の達成を目指す「内部指向型」のパーソナリティが登場します。内部指向型とは、ジャイロスコープ（羅針盤）を自分の内面に持ち、それに従いながら自己決定して生きていくタイプの人格類型です。こうした類型は、産業社会が立ち上がろうとする時期においては、起業家のような人びとの台頭を後押しする要素になります。

しかし、産業社会が大規模になり、寡占が進むと、内部指向型（オレオレのワンマン社長タイプと言ってもいいかもしれません）ではなく、レーダーによって捕捉された手近な目標を達成するために、その時々の状況に合わせていく「他人指向型」のパーソナリティが登場してきます。リースマンは、他人指向型のパーソナリティを、当時のアメリカ社会においてすら支配的なものになっているわけではないとしつつも、生存やモノの豊かさが保証された社会の未来像として提起したのでした。

他人指向型の人びとを生み出す要因はいくつも挙げられているのですが、重要なのは、家族の権威の相対的な低下と、消費環境の充実化です。伝統社会から初期産業社会までは、子どもは親の言うことを聞くことで、自らの生の指針を得ることができました。ですが産業社会化の進展によって、社会の変動がドラスティックになるという予期が一般的になると、子どもは、親の言うことに従うことが、必ずしも「いい」とは感じなくなります（「お父さんたちの時代とは違うんだ」！）。代わって、拡充する消費環境の中で、

「みんな」が求めているものは何かということを敏感に感じ取り、その時々の傾向に合わせていく（流行り言葉で言えば「空気を読む」）ことが重要になってくるのです。

マルクス主義との応酬

大衆という存在が消費とのリンクで考えられるようになった背景には、こうした「産業社会への適応戦略としての大衆」という議論の高まりがあります。実はこうした議論が暗黙のうちに想定していたのは、マルクス主義における大衆論でした。

マルクス主義では、社会を「階級闘争」の原理で捉えます。資本主義社会が発達すると、社会は生産手段を持つ資本家階級と、搾取される労働者階級とに二極化し、いずれ労働者階級の貧困が広がって、社会主義革命が起こるというのです。しかしながら、二〇世紀の大衆産業社会は、まさに中間層としての大衆を増加させ、革命どころか産業社会に適応しながら、時に民主主義を破綻させてしまう（国家にとりこまれてしまう）ような人びとを生んでいったわけです。大衆社会論の登場の背景には、マルクス主義の理論では「大衆化」という現象を適切に把握できないという問題がありました。

日本でも戦後、マルクス主義との論争の中から「大衆社会論」を巡る議論が盛んになります。そのきっかけとしてよく挙げられるのが、松下圭一の「大衆国家の成立とその問題性」という、一九五六年の論文です。ここで松下は、マルクス主義の想定する階級闘争が起きる「近代」ではなく、大衆社会としての「現代」の到来を指摘したのでした。松下がここで述べる大衆とは、合理的な判断を欠いた群衆、他者に従う受動的な存在でした。

なぜこうした論争が重要だったかというと、それまでの社会科学においては、マルクス主義に対してどのような距離を置くにせよ、日本が「前近代→近代」という、ヨーロッパと同じ発展路線の途上にあることが前提となっていたからです。その上で、現在の日本は前近代の封建的な社会を脱して、まず「市民社会」を打ち立てるべきなのか、既に市民社会は成立しており、労働者による「革命」を先導することが重要なのかという論争が生じるわけです。

ところが、松下に続く大衆社会論は、むしろ現代を、そうした路線からはずれたものとして描いていきます。マルクス主義者たちは、大衆社会においても、資本主義社会における諸問題は維持されたままであるという立場を採りますが、彼らに反対する論者は、大衆社会の問題を把握しつつも、それをどのように適切な「市民社会」に近づけていけばいいのかという点を中心に考えるようになります。

カイシャが支えた日本の中流

これらの議論が盛んになった背景には、日本の政治経済的状況の変化がありました。一九五五年の保守合同に始まる「五五年体制」の成立以後、自民党の政治的優位が明らかになります。また五六年には経済企画庁の『経済白書』で「もはや戦後ではない」と謳われ、以後の社会は、戦前の水準への「回復」ではなく、新たな段階への「成長」が求められると考えられるようになります。

経済学者の村上泰亮が一九八〇年に発表した論文「新中間大衆政治の時代」(後に『新中間大衆の時代』に改稿の上所収)で挙げられる「新中間大衆」の議論は、そうした「成長の時代」とその後の大衆像を描いたものとして話題を呼びました。これは、いわゆる階級論に基づく中間層に見られるような、強い構造化傾向が消え、「なんとなく中流」といった意識が、社会の広範な領域に広がりつつあることを指摘したものです。簡単に言えば、中流を示す指標が曖昧になることで、「誰もが中流になれる」という幻想が拡大していると述べられているわけです。

その後この議論は、社会学者の佐藤俊樹によって、データ的な面での実態にそぐわないものだったとして批判されます（『不平等社会日本』中公新書）が、これを元に、村上の議論を八〇年代のポストモダニズムの流行と同一視し、「新中間大衆なんて現実を見ていない学者の机上の空論だ」と切り捨ててしまうのは、いささか早計であると思います。佐藤も指摘しているように、重要なのは、実際に中間層がどの程度いたかではなく、誰もが中間層になれるというイメージを抱けたことだからです。

そのイメージの形成に関わる点で重要なのは、村上が、新中間大衆の登場と、自民党の保守政治への支持復活とを連動した現象として見ていることです。彼は、特に七〇年代以降の保守回帰現象を、「ナショナリズムの復活」といった要因から切り離し、都市型消費者の生活保障体制を整えたことに起因するものであると述べています。

つまりここで「新中間大衆」と呼ばれ、ある部分で共有されていた現象とは、社会の実態の水準ではなく、「予期」の水準において生じていたものであると考えられるのです。ただし補足しておかなければなりませんが、私の考えでは、そうした予期を支えていたのは、政治と言うよりは、広い意味での「カイシャ」の安定性であったと思います。すなわち、年功序列と終身雇用を前提とした給与体系、社会保障制度と一体になった性別役割分業（男は仕事、女は家庭という体制およびイデオロギー）に基づく家庭があって、そのコースに入りさえすれば「安定」が得られると「予期」されていたことが、多くの人の「なんとなく自分も中流かな」という意識の源泉となっていたのではないでしょうか。

このことは、中間層を支えた経済基盤の変化によって人びとの予期構造が変化すれば、「みんなが中流だなんて、なんて暢気《のんき》な議論なんだ」と思われてしまうということをも意味しています。それは現代社会を分析するにあたってもっとも重要な論点となるはずなのですが、議論を急ぐ前に、では新中間大衆論まで続く「みんな」意識は、その後どのように捉えられていったのかという点について述べていこうと思います。

「大衆の消滅」と「感性の時代」

さよなら、大衆

近代社会の担い手としての「市民」ではなく、単なる「受け手」として現れた「大衆」は、産業社会の発展に伴って生活が安定してくると、産業の受け手、すなわち「消費者」として認知されるようになります。と同時にその「消費者」たる資格を持っていること、言い換えれば「人並み」の消費に参加できることが「大衆」の条件として捉えられるようになると、その安定的な基盤を維持する保守政治への志向が強まると同時に、生活水準を基準にした「中流」意識が高まってきます。その意味で、大量生産・大量消費に特徴づけられた戦後の高度成長期は、モノの価値の序列を明確にする「みんな」モノサシが機能した「大衆の時代」と言えました。

さて、八〇年代に入ると、そのような「大衆」はもはや消滅したという、いわゆる

「大衆の時代の終わり」が言われるようになります。これが村上の「新中間大衆」論と同時期に登場したことは非常に興味深いのですが、ともあれ、きっかけとなったのは、いずれも広告代理店から出てきた二冊の本でした。

ひとつは当時、電通のPR局長だった藤岡和賀夫が著した『さよなら、大衆。感性時代をどう読むか』（PHP研究所）です。八四年に出版されたこの本で藤岡は、テレビや大量の広告によって大衆を動員する時代は終わり、人びとが自分の感性に従って自由に商品を選び、短いサイクルで小規模の流行が入れ替わる「少衆」の時代がやってくると述べています。

翌八五年には、博報堂生活総合研究所が『「分衆」の誕生　ニューピープルをつかむ市場戦略とは』を出版します。雑誌の連載における現場の感覚を元にした藤岡の議論の後を追うように、様々なデータを用い、大衆的動員がきかなくなっていること、これからは「個性的、多様的な価値観を尊ぶ個別な集団」としての「分衆」の時代がやってくることを論証しようとしています。

ここでいう「個性的」で「感性的」な消費者である「少衆」「分衆」とはどのような

集団でしょうか。それは字の示すとおり、大衆から細分化された小集団のことであり、同時に、その小集団を形成する個人のことです。重要なのは、それまでの考え方に従えば、受け手が広告やテレビに反応する規模が小さくなることで、マーケットもシュリンク（縮小）すると考えられがちですが、そうではなく、「大衆」を支えていた原理が無効になったのだから、新しい時代に合わせた戦略が必要なのだ、と述べられていることです。

消費による自己実現

電通、博報堂という二大広告代理店が同時期に同様の議論を打ち出したということは興味深いです。また、こうした大衆消滅論の盛り上がりによって、実際の商品も「個性」「感性」をキーワードに細分化していったことは見逃せません。つまり消費を消費者の自己実現とセットで理解する必要が生じてきたのです。

例えば、こういった服を着るとわたしはこういう人になれるとか、あるいは「人並み」の国産車を買うのではなくて、少し無理をしてでも外車を買うといった形で、買ったものによって自分が何者かを表現する。そんなふうに、自己実現とセットになった消費が促されるようになりました。

高度成長期の、「みんなに追いついて人並みの生活をしたい」大衆消費時代から、感性にしたがって自分が欲しいものを消費する「少衆」「分衆」の個人消費の時代への移行が、盛んに論じられるようになったのです。また、そこで目指される「自己実現」は、均質化された大衆的な消費環境で「個性」を圧殺されていた人びとを、たとえばサラリーマンならこういうモノを買わなければならない、主婦ならこういうモノを欲しがらなければならないといった固定的な「役割」から解放するという点で、意義のある現象だと見なされることもありました。

そうした時代の「自己実現とセットの消費」を端的に表すのが、当時の言葉でいう「軽薄短小」というキャッチフレーズでした。今から見れば「軽薄短小」という言葉は決していい印象を受けませんが（軽薄なイメージが言葉から感じられます）、当時はダウンサイジングと近い意味で使用されていたようで、「大きいものはいいもの」という考え方から脱却して、軽く、薄く、手軽に、気軽に消費できる商品こそいいとする傾向が強まります。

　商品が軽薄短小の方向へ向かっていくと、当然、いわゆる消費者像の細分化も起きます。商品の提供者側は、それまでは大衆という大きなかたまりを想像して「こういうものを求めている」という明確な消費像を描いていました。ところが感性に従い、個性的な消費をする人々が、しかも「軽薄短小」な消費を始めると、それぞれがどのようなニーズを持っているのか、どのような商品を求めているのか、ひとくくりには捉えるのが難解になりました。

消費者像の細分化とマーケティングの変化

　細分化した消費者像をより実体に近いかたちで捉えようとする商品提供者側が考案したのが、タイプ別マーケティングでした。現在でも、週刊誌やファッション誌といったメディアで目にすることがある年代別、タイプ別消費動向やタイプ別分析は、八〇年代に確立されたマーケティング手法の名残といえます。様々な統計的手法を用い、消費者の志向のタイプを分類することで、「少衆」「分衆」の時代に対応しようとしたのです。

例えば「こういうタイプの人はこういうものを求めている」といったタイプ別分析が多く出現し、「三〇代のサラリーマンは三タイプに分類できる」とか、「オタクはこういう消費をする」とか、「IT系の人は……」といった切り口で特集を組む媒体を多く目にするようになったのが八〇年代です。「新人類」なんて言葉もてはやされました。「女子大生」がトレンドの発信源になっている、などと言われて持ち上げられたこともあります。

メディアだけでなく、新商品の開発者たちがこうした手法を用いて新しいニーズを探り当てようとしていたことは、いうまでもありません。

最先端の消費をする人、メディアの情報に沿って消費をする人、あるいは手元のもので満足して消費をしない人、またあるいは、好きなものだけ一点豪華主義に消費をする人……といった具合に、消費者像は細分化されていきました。

「脱大衆」という大衆運動

こうした現象は、今から見るとどこか滑稽な部分もあります。「大衆はもういなくなるんだ」というのは、あくまで「かけ声」であり、「これからはそうなる」という話です。そしてそれに呼応して、多くの人が、大衆型の人並み消費ではなく、個人の好き嫌いといった感性に基づいた消費、そしてそれによる自己実現を目指そうとした。どうもそれ自体が、「脱大衆という大衆的運動」のようにも見えます。

実際、「人並み」の幻想がなくなったからといって、この当時、その「次」の姿はまだ明確ではありませんでした。これからは自分の好きにしていいよ、と言われていただけです。「五月病」という言葉を思い出してください。必死で受験勉強をして、大学に合格することを目標にしてきた学生が、大学に入ったとたん、何をしていいか分からなくなり、無気力状態に陥ってしまう。それと同じように、「モノの豊かさは実現された、これからは感性の時代だ」と意気込んだはいいが、誰もがすぐに「自分の好きなモノを手に入れる」少衆に変化するとは思えません。

そうした観点から、八〇年代後半から始まるいわゆる「バブル」時代と、その後に続く時代の消費現象について次節で検討します。

「バブル」とは何だったのか

バブル経済と格差の拡大

バブル経済という現象は、日本で起きたもののことだけを指すわけではありませんが、日本では「バブル」というと、一九八〇年代の後半に起きた株価の高騰と、それに伴う諸々の社会現象のことだと、一般に理解されます。ここでもそのような理解で話を進めますが、そのバブル、普通は一九八五年のプラザ合意をきっかけに始まり、八九年末の三万八九一五円という市場最高値を記録した後、日経平均株価は急激に下落して、バブルが崩壊したというのが、よく言われていることです。

しかし、製造業における設備投資などを見ると、実際には八五年以降の円高不況の影響で鈍化している点も見逃せません。この時代をひとくくりに「景気がよかった」と言い切ることはできません。また、当時の雑誌資料などを読み込み、例えば『知恵蔵一九九〇』などの頁をめくったところで、どこにも「バブル」という言葉は見当たりません。「バブル」という呼び名が一般化するのは、実際の「バブル」時代が終わって何年かしてからだと言えます。

大阪大学社会経済研究所教授の大竹文雄は、いま言われている格差拡大の源流は八〇年代に遡ると指摘しています。いまからバブル時代を振り返ると、日本中の景気がよく、誰もがボンボン消費をしていた時代に見えなくもありませんが、そうした見方は事実を正確には反映していないといいます。むしろ分厚い中間層が崩壊し、格差が拡大したのがこの時期だというのです。

たとえば、一九八四年の神足裕司と渡辺和博のベストセラー『金魂巻』は、職業を「マル金＝（金持ち）」と「マルビ＝（貧乏）」に分類しています。こうしたネーミングが流行ったことから見ても明らかなように、当時の人々の肌感覚として、金を持っているかいないかがはっきりと目に見えて分かれてきたのが、八〇年代から九〇年代にかけての時代でした。

夢のマイホームと溢れるマネー

また、当時を知る人にバブル時代の話を聞くと、この時代を特徴づける一番の要因は、土地価格の高騰だったと言います。多くは投機目的で「地上げ」や「土地転がし」が起きた結果、都心の安アパートが消え、単身者向けマンションになる一方で、郊外の一軒家も値上がりし、また大手の大学がこぞって郊外へとキャンパスを移転したことで、文字通りの「ドーナツ化」が進行します。

幕張や浦安、多摩ニュータウンや港北ニュータウンといった新しい土地が切り開かれ、東京を取り囲むように新しい居住空間を作り出していったのもこの頃です。ですが、九〇年代の後半に入っても、これらの新しい街には未開発の「住居予定地」も多く、商店も貧弱である場合が目立ちました。

都心から疎外されたニュータウンの拡大は、結果的に「夢のマイホーム」の内容を変質させていきます。「いつかは一国一城」を目標に頑張っても、都心から二時間もかかる郊外のマンションが関の山。ならば、「いつか」のためにマイホームの頭金を貯蓄するより、いまこの瞬間のために消費してしまおう。そんな諦めにも似た気分が、貯めるはずだったマネーを消費に振り向けさせ、市場にカネが溢《あふ》れることになります。
同時に、バブルといっても単純な好景気とは異なり、その中身は実態からかけ離れた土地高騰の上に成り立っていたわけで、人びとは、あくせく働くより、株や土地を利用した投機、つまり「財テク」で資本を増やそうとします。ここで有価証券に変わったマネーは、バブル崩壊後に価値を失い、文字通り紙くずになりました。

マイホームの「夢」の終わりは、単なる経済現象としてのみ理解されるべきものではないと思います。かつて社会学者の見田宗介は、戦後日本の時代区分として、「現実」と対比される言葉の変遷から、「理想の時代」「夢の時代」「虚構の時代」という三つを挙げたことがあります（『現代日本の感覚と思想』講談社学術文庫）。彼の弟子でもある大澤真幸は、「夢」の時代を「理想」と「虚構」の両方に引き裂かれる性質を持っているとした上で、次のように述べました。

理想と虚構の相違はどこにあるのか？　理想も虚構も現実世界ではないという点において、すなわちいわゆる可能世界であるという点において共通している。しかし、それらが可能世界として現実世界との間に有する関係が異なっている。理想は、未来において現実に着地することが予期（期待）されているような可能世界である。だから、理想は、現実の因果的な延長上になくてはならない。その意味では、理想は、純粋な可能世界ではなく、むしろ広義の現実世界の一局面である。それに対して、虚構は、現実への着地ということについてさしあたって無関連でありうる可能世界であり、それゆえ純粋な反現実である。

（『虚構の時代の果て』ちくま新書）

「理想」としてのマイホームが人びとの間に定着するのは、高度成長期の頃です。この時期に家庭に普及したテレビは、アメリカのホームドラマなどを通じて、パパ・ママ・ボクの核家族を、ひとつの「理想像」として描いていました。それは同時に、高度成長に支えられた「我が家」と「マイカー」の購入によって可能になるような、実現可能性を持った理想でもありました。

ところが、東京への一極集中化が進むことで、この理想がおぼろげなものになります。「夢」というと、「夢の超特急ひかり号」のように、実現するはずのないものが実現したというニュアンスで使われることもありますが、同時に、はかなくて消えてしまいそうというイメージもあります。井上陽水の一九七三年のヒット曲「夢の中へ」は、現実における「探し物」を「探すのをやめ」て、「夢の中」へ「行ってみたいと思いませんか」と歌います。

八〇年代を通じて、マイホームは、文字通り「夢の中へ」と、おぼろげに遠ざかっていきます。同じく見田の弟子である内田隆三は、バブル時代の実体的価値から切り離された投機経済を、「ゲーム」と評しました（『国土論』筑摩書房）。おそらくこの段階で、「夢」から「実現可能である」という意味が薄れ、代わって「虚構」としての消費社会がせり出してきたのでしょう。

村上の「新中間大衆」論が批判されるとき、それは「誰もが中流になる可能性を持っている」という幻想であり、現実に存在していた「貧困」や「格差の拡大」に鈍感であったと言われます。むろんそれも重要です。しかし本書の文脈からすればより重要なのは、この時期の消費社会化の進展が、「中流」を支える財や家族モデルの基盤の崩壊と共振していたことです。「感性の時代」は、「モノの豊かさが達成された」からではなく、

「モノの豊かさを誰もが同じように手に入れられるとは限らない」からこそ、可能になったという側面があったことを、ここで指摘しておきたいと思います。

崩壊後も続いた「バブリー」な気分

さらに九〇年代に入ると、奇妙な現象が起きます。「九〇年代はメガヒットの時代」と特徴づけられるほど、さまざまなヒット商品が生まれたのです。「大衆は消滅して、消費者は細分化した」とする少衆・分衆論に照らし合わせると、こうしたメガヒットが続出している現象を説明することはできません。しかし、実際のところ、九〇年代はメガヒットの時代です。これにはどのような説明を加えることができるでしょうか。

まず、どんなメガヒットがあったのか、ということですが、代表的なのは九〇年から九一年にかけて大流行したティラミスブームが挙げられます。また、ナタデココが九二年から九三年にかけて流行します。「一杯のかけそば」が大旋風を起こしたのもこの頃でした。「感動して泣ける話」として日本全国民が涙したといっても過言ではない「一杯のかけそば」の浸透度は、セカチュー（『世界の中心で、愛をさけぶ』小学館、二〇〇一年刊行）の比ではありません。

音楽の分野では九〇年代半ば以降、小室哲哉プロデュースの作品が次々とヒットを飛ばしました。九七年までCDの売り上げは右肩上がりで、数百万枚という大ヒットのCDが年に数枚というペースで生み出されている時代だったのです。今から考えると、異常なまでのヒット時代だったわけです。

極めつきはジュリアナ東京です。バブルと聞いて最初に思い浮かべるのがDCブランドのボディコンスーツに身を包んだ女性たちが「お立ち台」で扇子を振って体をくねらせている姿という人も多いでしょう。ところが、実はジュリアナ東京が開店したのは一九九一年五月、つまりバブル崩壊後なのです。意外にもバブル崩壊後に始まったジュリアナブームは、九四年にジュリアナ東京が閉店後も、コンピレーションCDの発売に伴い盛り上がり続け、九〇年代にプチジュリアナが地方に次々と開店しました。

このように見てくると、「ジュリセン」（ジュリアナ扇子）を振って踊りまくっていた女性たちは、バブル崩壊後に、浮かれまくり、バブリーな生活を送っていたことになります。そのような事態が起こりえたいくつかの要因が挙げられます。

まずバブルが崩壊したという事実に、人々はなかなか気づかなかったということです。バブル時代に、「いまがバブルである」ことに気づかなかったのと同様、人々が「バブルの崩壊」に気づくのは九三、四年ごろ、決定的には九五年以降だと言われています。いまは一時的な不景気で、いずれ株価はもとに戻る、これは一瞬の停滞に過ぎないといったある種の楽観論も根強かったのです。このあと「失われた十年」に突入するとはほとんどの人が思っておらず、引き続きカネを使おうとしていたと言えます。これがひとつめの要因です。

二つめの要因は、バブルが崩壊した、地価が下がったといっても、いきなりマイホーム購入に向かうほど急激に地価が下がったわけではないということです。もちろんどんどん地価は下がり続けてはいましたが、財テクに失敗して資産を失った人も多く、都心のビル建設がストップするなどしたため、引き続き余剰所得で小さな消費を楽しむ消費者のほうが多かったのです。したがって、バブル崩壊後も人々の消費行動を見る限りではしばらくの間、「バブリー」な時代が続いたといえるのです。

また、タイムラグという要因も大きいです。都心ではバブル崩壊は直下で来ます。肌でその雰囲気を感じとれたかもしれません。しかし、先ほどのジュリアナブームと同様、地方にバブル崩壊のインパクトが波及するのには時間がかかりました。また、プチジュリアナを自分たちの土地にいざ作ろうという時に、バブル崩壊と言われたところで止められない状況もあったでしょう。

いずれにせよ、バブルと言ったときに、私たちが九〇年代前半のジュリアナ東京をイメージしがちなのには、こうした事情があると言えます。「やけくそ消費」と言ってもいいかもしれません。バブル期よりもむしろバブル崩壊後に「やけくそ消費」というかたちで人々は消費を続けた、その結果が九〇年代の様々なメガヒットを生んだ部分はあったと思います。

誰もが「みんな」を探していた

あまったカネを消費に振り向けたという以外にも、メガヒットの要因は考えられます。究極の耐久消費財であるマイホームは、夢の彼方に霞んでいきましたが、その他の消費財の分野では、文字通りの「少衆」化が進んでいました。消費財へのマネーの流入により、車も電話もテレビも、「一家に一台」から「一人一台」の時代に入ろうとしていました。それを支える言説として、「モノの豊かさから心の時代へ」「必要による消費から感性による消費へ」といったスローガンが機能します。

「人並み」消費の基盤の一角が掘り崩されると共に、消費財の分野で「人並み」を測るためのモノサシが分からなくなっていきました。様々な商品が提供され、市場は「あなた好みのモノを選べばいい」というメッセージを、わたしたちに伝えます。ですが、「あなた好み」と言われても、何が好みなのか、にわかに見いだせる人ばかりではなかったのです。

そのように考えると、九〇年代のメガヒットについても説明ができます。

ティラミス、ナタデココといったブームは、強い「みんな志向」を持っていました。「みんな食べてるからわたしも食べにいこう」と言ってカフェに大挙した時代は、余剰所得が向かった「最後のみんな志向」だったのではないでしょうか。

「みんな」が持っているもの、「みんな」が消費しているものを消費して、耐久消費財はひととおり揃ったわけです。ですが、究極の耐久消費財であるところのマイホームは買えません。買えない分手元に余った金を使って、「みんな」が食べているティラミスを食べに行こうというのが、特に九〇年代前半のメガヒットの裏側ではないでしょうか。
しかしマイホームとティラミスにおける「みんな」には、決定的な違いがあります。理由があるかないかという違いです。

家を買うとき、「なぜ家を買うのか」理由がはっきりしています。「一国一城の主」になりたいという気持ちだったり、生活の安定を求めていたり、あるいはマイホームパパ／ママになりたいといった夢だったり……人それぞれですが、そこには購入したい理由がはっきりと存在していたといえます。

しかし「みんなが買ってるから」という理由で買ったティラミスは、後から振り返ると、あれは何だったのかという気持ちになります。意味づけができません。「一杯のかけそば」にしても、「みんなが泣いたといってたから」ということに動機が収束していきます。

「みんな」のモノサシがティラミス程度に過ぎなくなったとき、「みんな」に合わせることから、まさしく「意味」が失われ、「虚構」に過ぎないものになります。「みんな」

というモノサシが急速にその存在意義を失っていき、そこで初めて、消費者レベルにおいて「みんな」モノサシから脱却して、「わたし」というモノサシが実体として登場することになります。

「みんな」というモノサシから「わたし」というモノサシへの移行、言い換えれば、消費の動機付けを提供していた〈物語〉の細分化は、八〇年代には、ひとつの「かけ声」と言っていいものでした。実際に消費の細分化は進行するのですが、マクロレベルで見れば、それを支えていたのは、むしろ「みんな」というモノサシに合わせるための基盤が崩れていったことです。

それでも、おそらくは九〇年代の前半くらいまでは、誰もが「みんな」というモノサシを求めて、特定の商品に関心が集中するという事態が生じていました。しかしそれすらも虚構に過ぎないものになり、また九〇年代後半から本格化する「失われた十年」論、すなわち、現在の不況は構造的な問題から生じているのであり、今日明日で脱却できるものではないということが誰の目にも明らかになるにつれて、収入格差やそこから生じる動機付けの格差に基づいた消費の方が注目されることになります。近年のあからさまな「富裕層マーケティング」には、そういった性格が強くうかがえます。

とはいえ、人びとがそうした関心の分化に基づいて、個々ばらばらになっていった、というわけでもない、というのが本書における私の立場です。「みんな」というモノサシが自明なものでなくなり、個別の動機が重要になったとしても、それが集合し、「わたし」という動機の結合体としての〈わたしたち〉を生んでいる。それが、様々な場面での「見えないヒット商品」の登場の要因であると私は考えています。次章ではいよいよ、その〈わたしたち〉消費の中身を検討していくことにしましょう。

第三章　わたしたち消費の時代

ネタ的コミュニケーションから生まれる市場

「あれは何？」――フラッシュ・モブ現象

二〇〇七年四月八日のことです。休日は歩行者天国になる秋葉原の中央通りに、コスプレ姿の奇妙な集団の姿がありました。セーラー服やメイド服、ツナギなど思い思いのコスプレをした集団は、リーダーの合図と共に、一斉にダンスを踊り始めます。約九〇秒のダンスが終了すると、集団は再びリーダーの合図で一斉に解散。周囲には大勢のギャラリーが人だかりを作って拍手喝采。何事かと思って集まった人たちは、あっけにとられていました。

このコスプレ集団の正体は、「2ちゃんねる」のスレッドの有志が集まって開催されたオフ会でした。ライトノベル原作の人気アニメ『涼宮ハルヒの憂鬱』のエンディングテーマ『ハレ晴れユカイ』に合わせて踊るキャラクターたちを真似て、実際に踊ってみようというのです。当日の模様はユーチューブでも公開され、反響を呼びました。

こう書かれても何のことだか分からない人も多いでしょう。「なんだ、またネットでオタクが騒いでいるだけか」と思った方もいるかもしれません。ですが実は、こうした「ネット上で示し合わせた有志が、街中で様々な振る舞いをするオフ会」は、海外では「フラッシュ・モブ」と呼ばれ、ネットの普及と共に目立つようになってきた現象です。日本でも、二〇〇四年の「マトリックスOFF」（映画『マトリックス』の登場人物のコスプレをして、街中を練り歩いたり、映画のワンシーンを演じたりするオフ会）をはじめとして、多くのフラッシュ・モブが開催され、話題になってきました。

フラッシュ・モブの規模は、小さいものだと数人、大きいものでも百数十人というものですが、参加者にとっては大きな意味を持っています。ひとつは、参加者がネット上で企画を知ることから、実際に多くの人が集まった場面を目にすることで、「こんなにたくさんの人が、自分と同じ気持ちで集まってきたのか」という驚きをもたらすこと、もうひとつは、企画の意図を知っているのは自分たちだけだ、という気持ちから、参加者同士の連帯感が強まることです。

こうした例を挙げたのは、それが、この章で述べるわたしたち消費を考えるための材料である、「〈わたしたち〉の連帯感を生むきっかけ」として、興味深いものだからです。そこには、「私だけが知っている」出来事が、現実の場面での集合的な行動により、「〈わたしたち〉だけが知っている」出来事へと変換されるという現象が起きています。海外の事例には明るくないのですが、日本でのフラッシュ・モブを見る限り、それは参加者にとっての連帯感を確認するためのコミュニケーションだと言うことができるでしょう。

市場へと繋がる連帯感

さらに面白いのは、このコミュニケーションが「市場」へと繋がっていることです。というのもこのオフ会、「『ハレ晴れユカイ』をオリコンで一位にしよう」という運動の一環だったからです。アニメ自体も話題になっていたのですが、エンディングテーマである『ハレ晴れユカイ』の軽妙な振り付けは、CDの発売前からファンの心を捉えていました。そこでファンたちの輪の中から、CD発売に合わせた自主的なプロモーション運動とも言えるオフ会が行われたのです。

結果として、このCDはオリコンの週間チャートで初登場五位を記録します。人気アニメのテーマ曲ということで、オフ会の成果だけを強調することはできないかもしれません。しかしながら重要なのは、この「一位にしよう運動」は、それ以前にも様々なアニメの主題歌などで行われており、定着しつつあるスタイルだということです。

さらに言えば、そこで目的となっているのが、単にチャートにランクインすることだけでなく、テレビのランキング番組などで主題歌が放送されることを目標にしているという点も興味深いのです。つまりこれは、単純な「売り上げ」に対するファンとしての貢献だけでなく、音楽番組にアニメの映像が挟み込まれることで、その理由を知っている人だけが「にやり」とする（知らない人は「なんでこの曲が?」と思う）ことが目指されていることを意味します。この点、「知っている人の間での連帯感を確認するコミュニケーション」という、先のフラッシュ・モブと共通するものがあるといえるでしょう。

アップルのブランド演出戦略

同時に、これが本書で述べてきた「見えないヒット」の中身を説明するひとつのモデルになっていることにも気付くかと思います。ある集団の中でのみ通用するコミュニケーションが、集団の広がりと共に可視化され、それによって連帯感が強まる。しかし、その連帯感の外側にいる人には、なぜそれが売れているのかは分からないのです。

実は、こうした「ファン同士の自主的な繋がりによってヒットを生む」仕組みを戦略的に採用しているのが、マッキントッシュやｉＰｏｄでおなじみのアップルです。もともとマッキントッシュは、熱狂的なファンを抱えていることで有名でした。ウインドウズの登場以降、市場でのシェアをどんどん低下させていた時期にも、アップルの「信者」たちは根強くマッキントッシュを支持していたのです。

それは、アップルの機器を利用するということに対して、「自分たちだけがアップルの価値を分かっている」という強い連帯感を生みます。それを利用して、アップルのスティーブ・ジョブズＣＥＯは、新製品の発表を迎えるにあたり、徹底的な情報統制を行い、いざ発表となると、その革新性や洗練されたデザインを強調し、支持者たちの熱狂的な反応をあちこちで生み出させるのです。

その演出の一例として、アップルが二〇〇七年六月に発売した携帯電話機能付き・iPodである「iPhone」を取り上げてみましょう。iPhoneは二〇〇七年一月に発表されて以来、アメリカ国内で強い関心を集めていました。それを牽引したのは、「エバンジェリスト（伝道者）」と呼ばれるアップル製品のファンだったと言われています。アップルは、新製品に関する情報を小出しにしながら、ネット上でファンたちの憶測や議論を誘発し、さらに、二月に放送されたアカデミー賞の授賞式の際に、具体的な情報をほとんど出さないイメージCMを打ったことで、その流れに拍車を掛けました。

「噂の公式」というものをご存じでしょうか。社会心理学者のオルポートとポストマンが提唱した、「噂の流通量（R）は、その情報の重要性（i）と曖昧さ（a）の積に比例する」というものです。かけ算ですから、重要性と曖昧さのどちらかがゼロである場合には、噂は発生しません。アップルは、同社がこれまで挑戦したことのない領域での新製品に関する重要な情報を、わざと曖昧な形で見せることで、噂の拡大を促したのです。

ネット上で話題になり、期待が高まるにつれて、ユーチューブなどの動画投稿サイトに、ユーザーが独自に創ったｉＰｈｏｎｅのＣＭがアップロードされるようになります。つまり、ファンが自主的にアップルの宣伝を買って出たのです。ネットでの話題作りとテレビＣＭという、「コアなファン」と「その他大勢」の間を往復する情報戦略が功を奏し、六月の発売時には、全米のアップル直営店に長蛇の列ができたのでした。

興味深いのは、この「ｉＰｈｏｎｅ発売」が、アップルのファンたちにとって「歴史的なイベント」として認知されていたという事実です。事前の情報で、実はｉＰｈｏｎｅの機能は、ユーザーからみれば不十分な点があることは既に指摘されていました。それにもかかわらずファンたちは、彼らにとっての「歴史的なイベント」に「参加する」ということ、そしてそれをいち早くネットで報告するということを目的に、発売日前から行列を作ったのです。

ｉＰｈｏｎｅ購入の動機が、製品そのものだけでなく、「参加」や「他者との体験の共有」に求められている点は重要です。既に述べたとおりｉＰｈｏｎｅは、絶妙な情報戦略によってわたしたち消費を経由した「見えるヒット」になろうとしていましたが、その中心となるコア層においては、彼らのアップルへの帰依を表明すること、それを他者に伝え、共に盛り上がることが目的になっていたのです。

「ネタ的コミュニケーション」の連鎖

ある対象をめぐって、それを「ネタ」にしたコミュニケーションが連鎖していき、コミュニケーションそのものが目的になる状態を、私は「ネタ的コミュニケーション」と呼んでいます（拙著『暴走するインターネット』イーストプレス）。『ハレ晴れユカイ』やｉＰｈｏｎｅ発売に対する消費者の行動は、このネタ的コミュニケーションが、コミュニケーションの連鎖を目的としているからこそ、商品に対する購買動機を生み出すということを示唆しています。そこでは、商品の発売という「イベント」に参加することが、ファンの間でのコミュニケーションの「ネタ」を提供する役割を果たすのです。

ネタ的コミュニケーションが商品の購買動機を醸成した例として、日本で最近一番注目されるのは、「初音《はつね》ミク」というソフトウェアです。ソフトウェアといってもこれは音楽製作用のソフトウェアで、人間の声を元に作られた合成音声を使って、自由に唄を歌わせることができるというものです。

火を付けたのは、動画投稿サイト「ニコニコ動画」でした。ニコニコ動画は、投稿された動画に対してユーザーが自由にコメントできるサービスで、いまや国内ではユーチューブをしのぐ人気サイトになっています。ニコニコ動画に、初音ミクが歌う動画が公開されるやいなや、たちまち話題になり、自分も初音ミクに歌わせたい、というユーザーが、様々な動画をアップロードしていきました。それによって初音ミクというソフトウェアにも注文が殺到し、現在、予約だけで一万本以上という、この種のソフトウェアとしては驚異的なヒットになっています。

なぜ初音ミクは売れたのか。それは、初音ミクと、それで製作された楽曲が、ユーザーの間にコミュニケーションの「ネタ」を提供したからです。この曲はいい、この声はかわいい、というファンたちが、初音ミクについてのコミュニケーションを持続させ続けるためには、新しい曲が公開され、また自分でも歌わせてみる、という行為が必要になります。初音ミクという商品を購入することで、ファンは初音ミクをめぐるネタ的コミュニケーションに、より深く参加する切符を手に入れることになるのです。

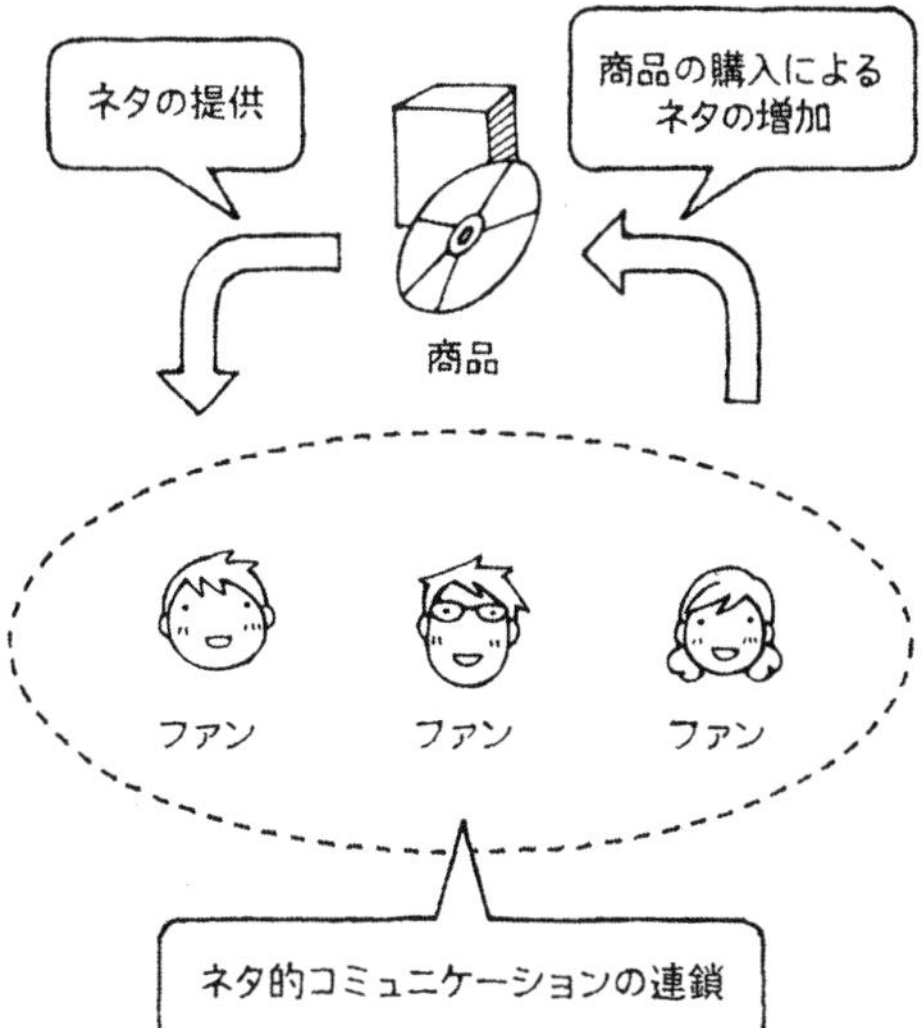
ネタの提供
商品の購入による
ネタの増加
商品
ファン
ファン
ファン
ネタ的コミュニケーションの連鎖

前頁の図は、ネタ的コミュニケーションが、商品の購買動機を生んでいくメカニズムを示したものです。

共同体から共同性へ

なぜ連帯感が重要なのか

以上が、本書のテーマであるわたしたち消費の姿とそのメカニズムについての説明になります。しかし、これだけだと「結局、わたしたち消費って口コミのことでしょ？」という気もしてきます。もちろんそれで間違いというわけではないのですが、ではなぜ「口コミ」や、そこから生まれる人びとの間の連帯感がこんなに影響力を持つのかという点は、あまり説明できていません。

この章の残りの部分では、わたしたち消費をより深く理解するために、消費者の間の口コミを通じた連帯感の確認が、なぜこんなにも影響力を持つようになったのかということについて述べてみたいと思います。キーワードになるのは「共同体から共同性への変化」です。

共同体をイメージさせるもの

共同体、コミュニティというのは多義的な言葉です。いまの私たちは「コミュニティ」と聞いても、「コミュニティセンター」とか「コミュニティカレッジ」といった言葉以外にはあまり馴染《なじ》みがありません。社会科学の中では、前近代社会によく見られた「生まれながらに所属が決定される集団」を「コミュニティ」、特定の目標の下に自発的な意志で所属する集団を「アソシエーション」と呼ぶことがありますが、この分け方も、厳密に考えるといろいろと問題があります。ネットコミュニティなどは、自発的な意志で生まれた人々の集まりですが、特定の目標を共有しているものばかりではありませんね。ここでは細かな話に立ち入るのはやめて、わたしたち感覚をつくるものという観点から述べてみます。

前近代の共同体を、よく「ムラ社会」と言います。一般に「ムラ」という言い方をするときは、閉鎖的で、仲間内だけでまとまっている集団のことを指しますが、前近代のムラ社会も、基本的にはそうした閉鎖性を持っていました。

ムラ社会にも外部のヒトやモノの交流がなかったわけではありませんが、農耕を基礎的な生活手段とするムラの場合、それは「生産共同体」という側面を持っていました。みんなで生活の糧を生産し、維持する社会ということです。ある特定の生産様式があり、それによって結びつきが生まれるわけですね。

左の図は、民俗学者の福田アジオが、ムラを取り巻く環境について述べたものを図示化したものです。

ムラの境界線は、生活の場である「ムラ」と、その外側にある農作業の場「ノラ」あたりまでを限界とする、漠然としたものでした。「野良仕事」という言い方をしますが、この「野良」とは、農作業をする場所のことを指しているわけです。

ムラの人びとは、農作業だけで生活しているわけではありません。火をくべる薪や木の実などを採取する場所も必要です。こうした場所のことを「ヤマ」と言います。昔話でよく「おじいさんは山へ柴刈りに」などと言いますが、この「山」とは、山岳地帯と

【ムラの境界線】

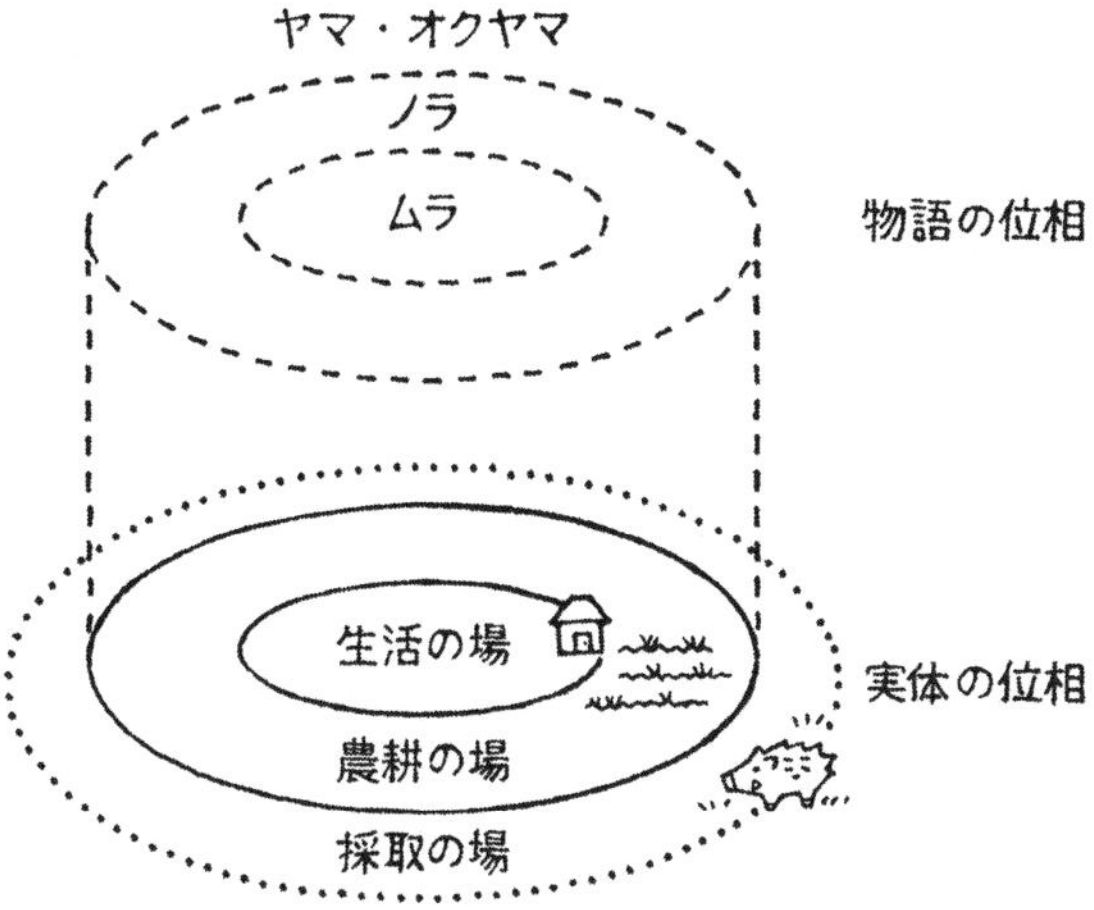
ヤマ・オクヤマ
ノラ
ムラ
物語の位相
生活の場
農耕の場
採取の場
実体の位相

いうよりは、「農作業を行うムラの外側」という抽象的な意味を持っています。そのさらに外側には「オクヤマ」と呼ばれる空間が広がっていました。

重要なのは、ムラの境界線に対するイメージが、具体的な生産手段の違いによって段階的に捉えられていたことです。ムラの人びとにとって、境界線の外側である「ヤマ」や「オクヤマ」は、ムラの秩序の範囲外であるため、畏怖《いふ》すべき対象であると同時に、ムラから逃げ出すことのできるアジール（聖域）という意味を持っていました。つまりムラ社会とは、生産に基づく「実体の位相」と、それをイメージさせる「物語の位相」の二重構造で成り立っていたわけです。

近代化の波は、開発などによってこうした生産共同体の基盤を掘り崩していきます。それに伴って、ムラの境界に対するイメージも希薄になってくる。「このあたりは私たちの土地」という漠然とした「物語の位相」は、ヒト・モノ・カネの交流の増大によって縮小することになります。また、ムラを出てマチでの生活を始めるようになると、生産手段は工場労働などが中心になり、生産と結びついた共同体意識は、せいぜい工場内部のそれへと切り縮められていくことになります。

クニからマイホームへ

共同体の生産様式と物語に支えられた「おらが村」から放たれた人びとは、より大きな「わたしたち」としての国民国家へと吸収されていきます。よく、故郷のことを「クニ」という風に言いますね。近代の国民国家は、郷里の物語に対する憧憬を抱えた個人の心情を利用しながら、それを国家という、より大きな物語を持つ共同体への帰属心に編成していったのでした。

国家の物語の基礎になっているのは、歴史と伝統です。既に古事記・日本書紀を編纂《へんさん》した時代から、歴史物語を通じて国家の政治機構へと人びとを組み込むという試みは行われていたのですが、多くの人びとが「国民」として「国家の歴史」を生きるようになるのは、彼らが「クニ」の物語を生きる基盤を失っていった近代以降のことです。

同じ歴史を生きる国民という「わたしたち」の意識は、よく敗戦によって潰《つい》えてしまったという見方をします。ですが、こうした見方は当てはまらないと思います。というのも、戦後の好景気を考えるとき、そこには「いざなぎ景気」「神武景気」「岩戸景気」

といった、日本神話から取られた名前が付いているからです（「三種の神器」もそうですね）。こうした名称は、その当時の景気が、「日本開闢《かいびゃく》以来の歴史の中でもっとも景気がよい時代」として位置づけられていることを示唆しています。人びとはまだ、「日本の歴史」の中を生き、「わたしたち」としての国民であることができました。

状況を変えたのは、皮肉にもその「歴史上最大の好景気」でした。一九六〇年の池田内閣によって打ち立てられた「所得倍増計画」が、その直前の安保闘争によって岸内閣が倒れたことに由来していることは、よく知られています。安保闘争という国民的な政治意識の高まりを前に、自民党政権は、経済成長による国民生活の向上を目指すようになったのでした。

それと並行する形で、一九六〇年代の前半から、「マイホーム主義」と呼ばれる考え方が登場してきます。一九五〇年代からの「国民車構想」を受けてマイカーブームが訪れると共に、核家族がマイホームを持ち、公共空間から切り離された「親密圏」としての家庭（ホーム）の占める位置が大きくなってきます。日本という歴史の中で意味を持たされた高度成長の時代が、歴史から切り離された領域である家庭を強化し、その「内部と外部」を厳しく峻別していったのです。

この時期、個人生活の安定に基盤を置いた人びとが求めた「わたしたち」像が「大衆」であり、その「みんな」性が、安定的なものでなくなることによって「わたし」へと個別化されていったプロセスは、第二章で述べました。大きな歴史的変動の中で「わたしたち」という意識を見る限り、そこには、意識を支える基盤の変遷があったことが分かるかと思います。

共同体は失われたのか

このような説明は、有り体に言って「共同体の崩壊」という出来事を指し示しているように思われます。確かに私たちは、頻繁に「地域の絆が失われた」というような言い方をします。ですが社会科学的には、この言い方は必ずしも正しいとは言えません。というのも、私たちが理想化して考えがちな「地域の絆」や「共同体の繋がり」は、過去においては、そのような形で存在していたわけではないからです。

確かに、かつての方が共同体の紐帯《ちゅうたい》は強かったのですが、それは私たちの考える「温かくて人に優しいつながり」ではなかったのです。「村八分」の例が示すように、結束の強固な共同体は、それを維持するための様々なしきたりやルールを有しており、従わない人間を排除する性格を持っていました。

社会科学の知見は、私たちの考える「人に優しい共同体」が、近代になって人びとが共同体から解き放たれると共に現れた「理想像」に過ぎないことを教えます。つまり、私たちは、共同体が失われたと思えば思うほど、どこかに理想の共同体があるはずだ、という観念にとらわれるようになったのです。

そのため私たちの「共同体」への志向は、潰えるどころかますます強まっています。しかしながら、ここで奇妙な逆説が生じます。そこで求められている共同体とは、私たちが「本来あるべきだった」つながりとしてイメージしているものです。ところが、「共同体のつながりを生きているのが、私たちの本来の姿だ」と意識して共同体を営むという行為そのものは、人為的に選ばれた出来事でしかありません。すなわち私たちは、「本来あるべきだと思える共同体的な生き方を、個人の意志で選ぶ」という状態に陥っているのです。

この「何をしても自分が選んだ結果に過ぎないという状態に陥る」ことを、社会学では「再帰性の高まり」と呼びます。私たちが「わたしたち」というつながりを求めるという現象に関して言えば、そこで求められているのは、参加者にとって理想の共同体のように感じられるつながり、すなわち「共同性」と呼ぶべきものだということになるでしょう。

「断定系消費」も力を増す

共同体から共同性へ、人びとのつながりへの希求のあり方が変化してくると、そこで重要になるのは、そのつながりが共同体の形式を取っているかどうかではなく、参加しているメンバーにとって「共同体のように感じられるかどうか」という点になります。ここに、わたしたち消費の源泉となっている人びとの繋がりに、「ネタ的コミュニケーション」のような、コミュニケーションのためのコミュニケーションが求められる要因があります。わたしたち消費における口コミは、単に口コミであるというだけで信頼されるのではなく、それが参加者にとって求められている共同性を強化するものである限りにおいて信頼されるのです。

ところで、ここまで「みんな」基準の絶対性が失われたことを前提に、〈わたしたち〉の共同性を求めるコミュニケーションと、そこから生まれる消費行動について述べてきました。しかし、こうしたわたしたち消費だけが、現在の消費のあり方になっているのではありません。消費行動は、商品の性質によっても、ターゲットとなる層によっても大きく変わります。また、「みんな」基準の喪失に対応する戦略も、ひとつではありません。

ここでは、わたしたち消費とは異なる、現代的な現象として「断定系消費」というものを挙げておきます。断定系消費とは、「みんな」基準が失われて、どれでも好きなモノを選んでよいという状況にとまどっている人たちに、「これがわたしの欲しいモノだ」と思わせてくれるようなメッセージやメカニズムを与えることで、その決めつけに基づく消費を誘発するような事態を指します。

具体的に例を挙げるとイメージしやすいでしょう。

例えば近年流行っているスピリチュアルブームに関連した商品や、映画「ALWAY

S 三丁目の夕日」に派生する昭和レトロ関連の商品などは「断定系」と言えます。

これらは、実際に序列があるかどうかは別にして、そのような「絶対的な序列がある」ということを信じ込むことから生まれます。「このように生きるといい人生が送れます」「本来日本人はこんな美徳を持っているはずです」といった、「絶対的な判断基準」を提供しているのも、こうしたブーム、商品の特徴です。

その他、細木数子さんの番組が高視聴率をとったり、本が売れたりするのも、こうした「断定系」消費と言えます。「断定系」消費はテールでも、ヘッドでも様々な規模になりえます。細木数子さん関連のブームは明らかに全国規模で、ヘッドと言えるでしょう。

また、どの時代にも決してなくなることのない「セレブ的」な断定系消費も忘れてはなりません。これは、「〇万円以上のワインならばセレブ」「〇百万円以上の車を持っていればセレブ」という、それ自体は（本人を除けば）根拠のない基準に基づく消費のことです。昨今、景気の回復感を反映してか、「セレブ」や「富裕層」に注目が集まっていますが、そもそも何をもって「セレブ」と言うべきなのか、その基準は本来あいまいです。そのあいまいさに基準を与え、「これがセレブの生活です」と断定してみせることで、安心して消費に踏み出せるのが、セレブ的断定系のあり方です。

　もっとも、もとがあいまいな「セレブ」の概念ですから、誰が見ても分かるような高級車を持っていること、といったものから、「わたしにしか分からないこだわりの有機野菜を買っていること」のような「心理的セレブ」まで、そこで語られる内実も多様です。いずれにせよポイントは、消費者にとって「それが絶対的な基準のように思えること」なので、本当にそれが基準となる価値として、誰もが受け止めるようなものである必要はないのですが。

　もうひとつ、「断定系」の中でも特殊な部類に入る「情報システムによる断定」を挙げておく必要があります。これは具体的には「アマゾンのレコメンドシステム」のように、顧客の購買情報などから、「あなたに最適な商品はこれです」という判断を提供するシステムです。そこでは、システムによって与えられた判断が、受け取る側の個人にとって「これが本当にわたしの欲しいものだったんだ」と思われるという現象が起き得ます。ユビキタス化などの情報化の進展は、こうした「システムによる断定」に基づく消費行動の決定を促していく可能性があります（詳しくは拙著『ウェブ社会の思想』を参照）。

話が少し脇道にそれてしまいました。以上、「見えないヒット」の駆動要因であるわたしたち消費と、それが生じる原因をこの章では見てきました。そこでは、コミュニケーションが次のコミュニケーションに接続されるための「ネタ」を提供することで、カーニヴァルの輪が広がり、その盛り上がりの話に参加するために、消費が促されていくというサイクルが生じているのです。次の章では、このわたしたち消費を、どのように生み出し、育てていけばいいのか、その戦略を考えていくことにしたいと思います。

第四章　わたしたち消費のマネジメント

共同性のサイクル

盛り上がりが盛り上がりを生む

前の章まで、様々な角度からわたしたち消費について検討してきました。ですが、それがどのようなものか分かったところで、それを具体的な市場戦略の中に組み込めなければ意味がありません。また消費者の立場からしても、自らの関わるネタ的コミュニケーションのつながりが、市場において価値を持つことで、より大きな盛り上がりが生まれることとは、ひとつの利点となり得ます。この章では、企業の側と消費者の側、それぞれの思惑を効果的に結びつける、わたしたち消費のマネジメントの手法について考えていきます。

わたしたち消費をマネージするにあたってもっとも重要なのは、そこで連鎖しているコミュニケーションに、盛り上がる時期とそうでない時期があるということです。むろん、参加者ひとりひとりの中での盛り上がりの時期というのもありますが、ここで注目したいのは、ある〈わたしたち〉というつながりの中でのコミュニケーションの盛り上がりのタイミングです。

一般的に言って私たちは、周囲のコミュニケーションがそれほど活発でないときには、自分だけが繰り返し発言することによる「空回り」を恐れ、また反応が返ってこないことにつまらなさを感じて、コミュニケーションを控える傾向にあります。逆に、コミュニケーションが活発になってくると、ちょっとしたことでも発言して、輪の中に参加しようとしたり、発言しないまでも、何らかの形で、自らの存在をアピールしようとしたりします。要するに、盛り上がっているときほど、より場を盛り上げようとするのです(確かに「空気の読めない人」や「盛り上がりに水を差す人」というのもいますが、ここではあくまで例外として考えます)。

〈わたしたち〉という共同性の源泉となるネタ的コミュニケーションは、コミュニケーションのためのコミュニケーションですから、内容そのものより、形式として盛り上がっているかどうかが重要な意味を持ちます。「なんだかよく分からないけど、話が盛り上がっている」と感じられる状況が、さらなる次のコミュニケーションを生むのです。

カーニヴァルには無理に関わるな

コミュニケーションの連鎖が盛り上がりを見せている状態を、ここで仮に「カーニヴァル（瞬間的な盛り上がり）」と呼びましょう。普通に考えれば、こうして盛り上がっているときに何らかのアクションを起こして、商品の売り上げに結びつけたいところです。しかし、実はこうしたカーニヴァルの時期に、企業が商売っ気を出して参入してくることが、必ずしも効果を生むわけではないのです。

というのも、何度か述べたように、ネタ的コミュニケーションの連鎖は、すべてを次のコミュニケーションのための「ネタ」として消費するからです。何が「ネタ」になり得るかを決めるのは、コミュニケーションしている〈わたしたち〉の側であって、情報を提供する企業の側ではない。その場のコミュニケーションを商売に利用しようという企業側の動機そのものがネタにされるかもしれませんし、最悪の場合、コミュニケーションの連鎖を阻害するものとして、批判の対象にされかねません。

こうした批判の例として、二〇〇五年八月から九月にかけて問題となった「のまネコ騒動」が挙げられます。テレビなどでも報道されたのでご存じの方も多いでしょう。これは、モルドバのポップ歌手「オゾン」の「恋のマイアヒ」という曲の歌詞を利用して作られたネット上の動画が人気になっていることに目を付けた、CDの発売元が、動画を公式の宣伝材料として利用しようとしたところに端を発した騒動です。動画の中で利用されていたネコのキャラクター「のまネコ」が、2ちゃんねるで親しまれていた「モナー」というキャラクターに酷似していたことから、のまネコに対する著作権表示、商標登録出願が、一部のユーザーの強い反感を買いました。掲示板上での放火予告にまで発展した騒動の結果、発売元は「のまネコ」のキャラクター利用から手を引くことになります。

この問題は、様々な論点が複雑に絡み合った側面もあり、また立場によっても異なった解釈がなされているため、単純にいい・悪いという判断を下すことはできません。しかしながら、ネタ的コミュニケーションの連鎖が盛り上がっている最中に、それに乗じて企業がそのコミュニケーションの中に参与することが、必ずしもいい結果を生むわけではないことは、この事例からも明らかです。

むろん、企業側がその場のコミュニケーションに適切に参加することができれば、〈わたしたち〉の共同性から、消費行動を生み出すことも可能です。その手法についてはあとで述べますが、準備もなく〈わたしたち〉のつながりの中に入っていくことに、大きなリスクが伴うことは意識しておくべきでしょう。

「模索期」こそがねらい目

では、企業はどのようなタイミングで、このコミュニケーションの輪の中に入っていくべきなのでしょう。それはずばり、「コミュニケーションが沈滞しているとき」です。

次の図は、〈わたしたち〉のコミュニケーションの、盛り上がり・盛り下がりのサイクルを図にしたものです。

どんなコミュニティにも、生成期というものがあります。このとき生じているのは、「わたし」の考えや感情が、別の誰かに伝わり、コミュニケーションの連鎖に変わるということです。たとえば、「わたし、この本おもしろいと思うんだ」という感想に、別

〈わたしたち〉の盛り上がりのサイクル

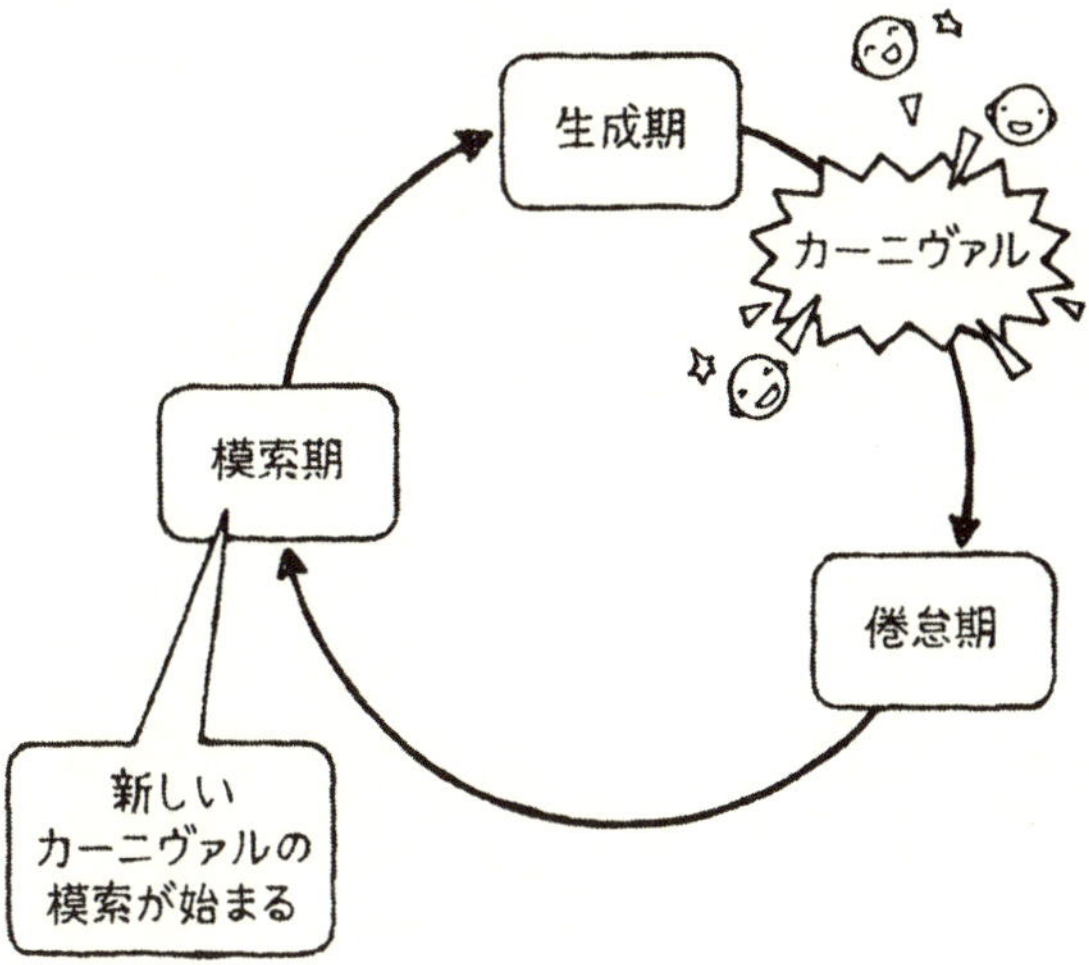

の誰かが、「そうそう、おもしろいよね！」と返して、ある本をネタにしたコミュニケーションが始まる瞬間が、コミュニティの生成を促します。

生成期において生じた〈わたしたち〉という感覚が盛り上がる瞬間が、カーニヴァル、つまり内部的なお祭り状態といえます。

〈わたしたち〉生成期のつながりの喜びに加わる人が増えれば増えるほど、そしてイベントが大きくなればなるほど、カーニヴァルは大きくなります。規模の小さいイベントだと、たとえば一緒に飲みに行くといったものから、大きいものだと「このレコードのアーティストはいいよね。だからファン運動をして日本でツアーを実現しよう」といったものまで幅広く起こり得ます。それが実現する場合もありますし、結果的に実現できない場合もあるかもしれません。ただ、実現されなくてもここではあまり問題ではありません。なぜなら、「実現させよう」という「運動をする」こと自体はコミュニケーションのネタを提供するのであり、それが〈わたしたち〉の共同性を確認させ、増幅させているからです。

しかしどれだけ盛り上がっていても、「飽き」は必ず訪れます。カーニヴァルを何度も繰り返し経験することで、〈わたしたち〉のコミュニケーションも、倦怠期に入ります。〈わたしたち〉を動かしている原理が、コミュニケーションの接続であり、人間関係である以上、常に同じ状態に留まることはできません。だんだん飽きてきたり、仲違いをしたりといったことが出てきます。こうして、一度は盛り上がったコミュニティも、やがて倦怠期に入ります。

倦怠期に入って、そのままコミュニケーションがしぼんでしまう場合もあります。仲間内で完全に決裂してしまって、二度と顔を合わせたくない、ということも起こるでしょう。しかし、一度得られた共同性の快楽、カーニヴァルには、人を惹きつけて放さない魅力があります。それが「次のカーニヴァル」を求める気持ちを呼び起こすのです。〈わたしたち〉のコミュニケーションの中に企業が参与するタイミングとしては、この「模索期」こそが最適だと思います。ただし、それはあくまで参入のタイミングであって、その手法には様々な選択があり得ます。たとえば、SNSのようなコミュニケーションサービスの場合、他のSNSから自社のSNSへユーザーを誘導しようとする場合、そこが新しいコミュニケーションを接続する可能性に開かれた場所であることをアピールする必要があります。自社のSNSのコミュニケーションやアクセスが停滞している場合、新機能の導入などを通じて、新しい「ネタ」を提供するという手段があり得ます。

いずれの場合でも注意しなければならないのは、一度停滞したコミュニケーションを、以前のように再び盛り上げるのは非常に困難であるということです。むしろそうした介入は、さらにコミュニケーションの「次」への接続を阻害する場合さえあるのです。より効果的なのは、停滞してしまったコミュニケーションとは別の、新しいネタ的コミュニケーションへの接続を促すことなのです。

受け手の感覚を吸い上げる

次のネタ的コミュニケーションを促すことで、一度停滞したコミュニケーションを、新たな盛り上がりのサイクルに移行させることができるわけですが、では、コミュニケーションを誘発する「次のネタ」は、どのようにして提供すればいいのでしょうか。

ヒントになるのは、ケータイ小説のヒットのサイクルです。

ケータイ小説は、文字通り携帯電話の画面で読まれるテキストコンテンツです。実は、ケータイ小説は多くの場合、最初から完結した作品として公開されることは少なく、ウェブサイト上で「連載」という形式を取っています。そして、連載の途中から人気作品には投票が集まり、さらに読まれるという仕組みになっているのです。

このとき、作者の元には、読者から多くの感想が寄せられます。純粋な応援メッセージから、内容に対する要望まで、様々なものがありますが、これが「次のネタ」のヒントになり得るのです。

たとえば、元ホストの人が書いた、ホストが主人公のケータイ小説があったとします。主人公がホストの目線を通じて、援助交際する女子高生に対して、ひたむきな愛情をそそぐ、といったストーリーに、「自分も似たような経験をしたけれど、結局彼のことを理解してあげられなくて別れてしまった。この主人公には幸せになって欲しい」という感想が届いたとしましょう。このメッセージには、書き手が読み取るべき重要な点がふたつ隠されています。ひとつは、それがストーリー展開に対する要望であるということ。これは分かりやすいですね。そしてもうひとつ重要なのが、このとき、書き手と読者の間に、「ホストと女子高生の恋」という「ネタ」が共有され、接続されているということです。

これまで書籍化され、ヒットしたケータイ小説の多くが、似たようなストーリー展開ばかりでつまらない、という話をよく聞きます。その原因の主たる部分は、おそらく書き手が素人であることからくる表現力の乏しさに由来しています。しかし、視点を変えて見ればそれは、たとえ素人の表現であっても、書き手と読者の間にある「ネタ」が共有されていれば、そこで強烈な〈わたしたち〉感覚が生まれ、受け入れられるということを示唆しています。

受け手との間で、コミュニケーションのための「ネタ」を共有しながら、それを随時吸い上げ、コンテンツの中身に反映させていく。こうしたことを意識的にやっているケータイ小説の作家がどのくらいいるのかは分かりませんが、ケータイ小説のヒットの背景には、偶然とはいえ、それが可能になったからという要因があるのではないか、と私は分析しています。

『NANA』とケータイ小説の戦略的類似性

こうした、受け手の意見の吸い上げによって、受け手と同じネタを共有し、自身の作品に反映させていくという手法で成功している作家の代表といえば、大ヒットマンガ『NANA』の作者、矢沢あいだと思います。彼女は常に、自分の作品が連載される媒体の読者と共振しながら、そこに合わせた作品を書き続けてきました。『りぼん』という少女マンガ雑誌では、恋に踏み出せない奥手な主人公を、『Zipper』というファッション誌に連載されていた『Paradise Kiss』では、ファッションモデルの世界に足を踏み入れながら、夢と恋人との関係の間で悩む少女を主人公に据え、受け手の等身大の世界を描いています。

そして、読者層の年齢がより高い雑誌で連載された『NANA』では、当初、恋に悩むフリーターの主人公の視点が強調されていましたが、次第にもう一人の主人公である彼女の友人のミュージシャンの女の子と、彼女を取り巻く芸能界全体に話の主軸が移っていきました。お話の全体を通してみると、この変化は奇妙ですが、おそらく、連載と共に受け手の層も、読者がストーリーに求める展開も変化していった結果なのだと思います。

受け手と送り手の間で、物語を「ネタ」として共有し、次のコミュニケーションの手段とする、という意味では、『ＮＡＮＡ』もケータイ小説も、似たような戦略を採っています（むろん表現としての質の差は歴然ですが）。ちなみに、日本ではそろそろピークを過ぎたといわれている「韓流ドラマ」も、韓国国内では、ネット上の意見を汲《く》み入れて次回のストーリー展開を変える、といったことが頻繁に行われているようです。いずれにせよ重要なのは、送り手の側が一方的に「こういう風に受け止めて欲しい」という姿勢で発信するのではなく、受け手と共に「ネタ」を共有しながら、コミュニケーションが接続されていく環境を生み出していくことで、強力なわたしたち消費の動機が発生するのだということです。

「二周目以降」を大きくする

ところで、こうした「送り手と受け手のネタの共有によるわたしたち消費の環境づくり」をマネージする上で見逃してはならないのは、「コミュニケーションが停滞した場合の次の一手」です。既に述べたとおり、ネタ的コミュニケーションはコミュニケーションが次に接続されることそのものが目的となるようなコミュニケーションですから、同じところにとどまり続けていれば、いずれ「飽き」がきてしまいます。

それゆえ、コミュニケーションの停滞は必然的に生じますし、そのことは別に悪いことではないのです。しかし、倦怠期から模索期にかけての時期に、次の一手の戦略を誤ると、そのままコミュニケーションの環境そのものが衰退していくことになります。そのため、わたしたち消費を促していくマネジメント戦略として、生成期から模索期までのサイクルを、何周も回していく必要が出てきます。そして肝心なのは、そのサイクルにおいて、二周目、三周目に入っていく際に、コミュニケーションの環境の規模をより大きくしていくことが求められるということなのです。

以下では、その「二周目以降」をどのようにマネージするのかという点について述べていくことにします。

感染を拡大する

ティッピング・ポイントを超える

ネタ的コミュニケーションによって繋がる〈わたしたち〉の規模の拡大とは、どのようにして生じるのでしょうか。ここでは、その興味深い事例として「脳内メーカー」を取り上げてみましょう。「脳内メーカー」とは、名前を入力するとその人の脳内イメージが表示されるという、シンプルなネットサービスです。この「脳内イメージ」が絶妙な結果を表示するというので、テレビなどでも話題になりました。

次の図は、「脳内メーカー」のウェブサイト「ｕｓｏｋｏ．ｎｅｔ」のリーチ（一〇〇万人あたりでどのくらいの人がそのサイトを見ているかという指標）を、アレクサというサイトで調べたものです。この数字は、「アレクサ・ツールバー」というソフトウエアをインストールした人だけを対象に調べたものなので、あくまで参考程度の数値な

【usoko.net のリーチの推移(Alexa 調べ)】

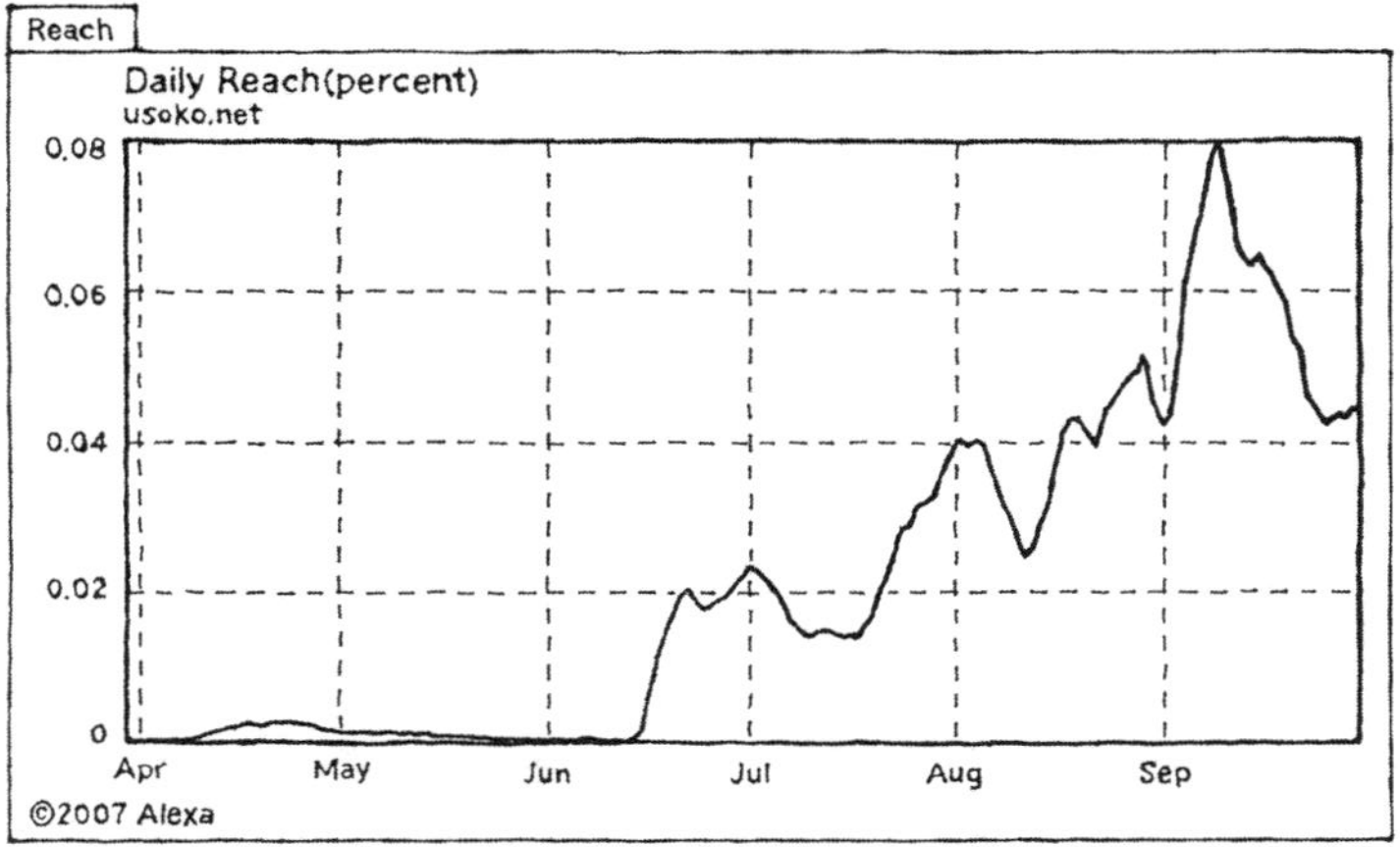

のですが、それでも二〇〇七年六月から、急激にリーチが伸びていることが分かると思います。

リーチが伸び始めた六月は、「脳内メーカー」が公開されるやいなやSNSやブログで話題になり、ネット上のニュースサイト「ITMedia」で取り上げられ、ヤフー!の「検索数急上昇のキーワード」として掲載された時期です。この時期を境に「脳内メーカー」は爆発的な流行を呼び起こし、その後テレビ番組で取り上げられるたびに、どんどんリーチを伸ばしていきました。

こうした、「流行が急激に拡大する特定の時点」のことを、「ティッピング・ポイント(感染の拡大点)」と呼びます。この言葉を名付けたマルコム・グラッドウェルによると、ティッピング・ポイントを超えて拡大する流行は、「感染的に流行が拡大する」「小さな原因が大きな結果をもたらす」「変化が徐々にではなく急激に生じる」という三つの特徴を持っています(『なぜあの商品は急に売れ出したのか』飛鳥新社)。

「脳内メーカー」は、はじめはネット上での「これ、おもしろいね」という反応の感染的拡大から話題になりました。それがやがてマスメディアに飛び火し、ネットをあまり利用しない人にまで流行が広がっていったのです。

流行の文脈を書き換える

ところで、このグラフを見ると、「脳内メーカー」は常にリーチを伸ばしてきたわけではなく、何度かリーチが落ちる「停滞期」を経験していることが分かります。急激にリーチが伸びたあと、一度リーチが落ちて、そのあとで以前を上回る勢いで拡大するというプロセスを、何度か繰り返しているのです。

次の図は、アレクサのグラフでリーチが上昇している時期に、「脳内メーカー」を取り上げた主なメディアを示したものです。こうして見ると「脳内メーカー」は、メディアに取り上げられてリーチを伸ばしたあと、しばらくすると停滞期が訪れ、そこで別のメディアが取り上げることで、さらにリーチを伸ばしていることが分かります。

なぜ「脳内メーカー」は停滞期を乗り越えることができたのか。それは、あるメディアが取り上げて生まれた流行が一段落したあと、別のメディアがその流行の文脈を「書き換える」形でさらに取り上げたからです。たとえば六月の段階では「脳内メーカー」

は、ネット上でのブーム期にありました。この頃SNSなどでは、「脳内メーカーって面白いよ」「わたしもやってみた！」という日記が多く書かれ、口コミを通じた「バイラル・エクスペリエンス（体験の感染）」が起こっていました。

七月半ば頃から、テレビが「脳内メーカー」を取り上げます。最初に取り上げたのは「王様のブランチ」などの情報系番組でした。この段階で「脳内メーカー」は「こんな面白いサービスがあるよ」という形で紹介されていたと思います。ネットをあまり利用しない層にも「わたしもやってみたい」という形で、体験の感染が起きたのです。

ついで八月半ばには、「さんまのまんま」などのバラエティ番組が「脳内メーカー」を使って、ゲストの芸能人の脳内イメージを紹介するようになります。ここで、以前から「脳内メーカー」を知っていて、既に自分でも利用したことがあった層には、「この芸能人はこんな脳内イメージなんだ」という新しい文脈が提供されると共に、まだ利用したことのなかった層にも、その面白さが感染していきました。

そして九月上旬には、「脳内メーカー」は定番の「ネタ」として、歌番組やアイドル番組などで用いられるようになります。それ以前にかなりの人が「脳内メーカー」を利

【usoko.net のリーチの上昇とメディアで取り上げられたタイミング】

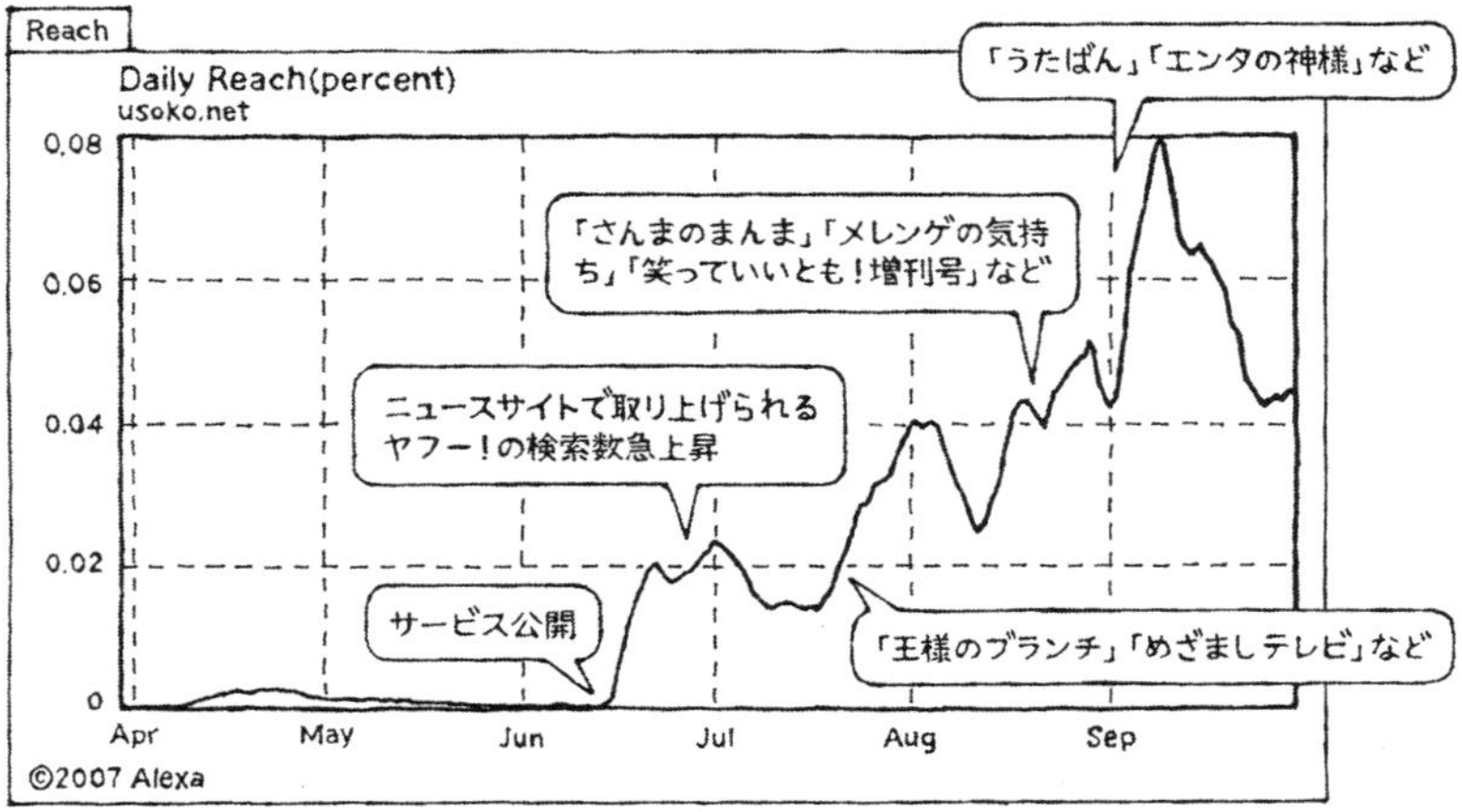

用した経験があったこの段階では、それは「自分の脳内イメージを診断するもの」から「他人の脳内イメージを診断するもの」へと、文脈を変化させていたのです。

ここから、二つの教訓を得ることができます。ひとつは、流行はマスメディアを利用したからといって、そのまま送り手の意図通りに拡大するわけではないということ、もうひとつは、流行の各段階に応じて、様々なメディアを用いて効果的に「文脈の書き換え」を行うことで、〈わたしたち〉のネタ的コミュニケーションのサイクルが新しい段階に入り、二周目、三周目の盛り上がりを生むということです。

流行の拡大と「星の一生」

文脈の書き換えが必要になる時期とは、いったいいつなのか？　そのことを示すために、次のようなグラフを描いてみました。このグラフでは、右に行くほど時間が経ち、流行が拡大していることが示されています。時系列に従って、流行の段階はおよそ五段階に分けられる、というのが私の考えです。分かりやすくするために、各段階を「星の一生」になぞらえてみました。

【流行の拡大と星の一生】

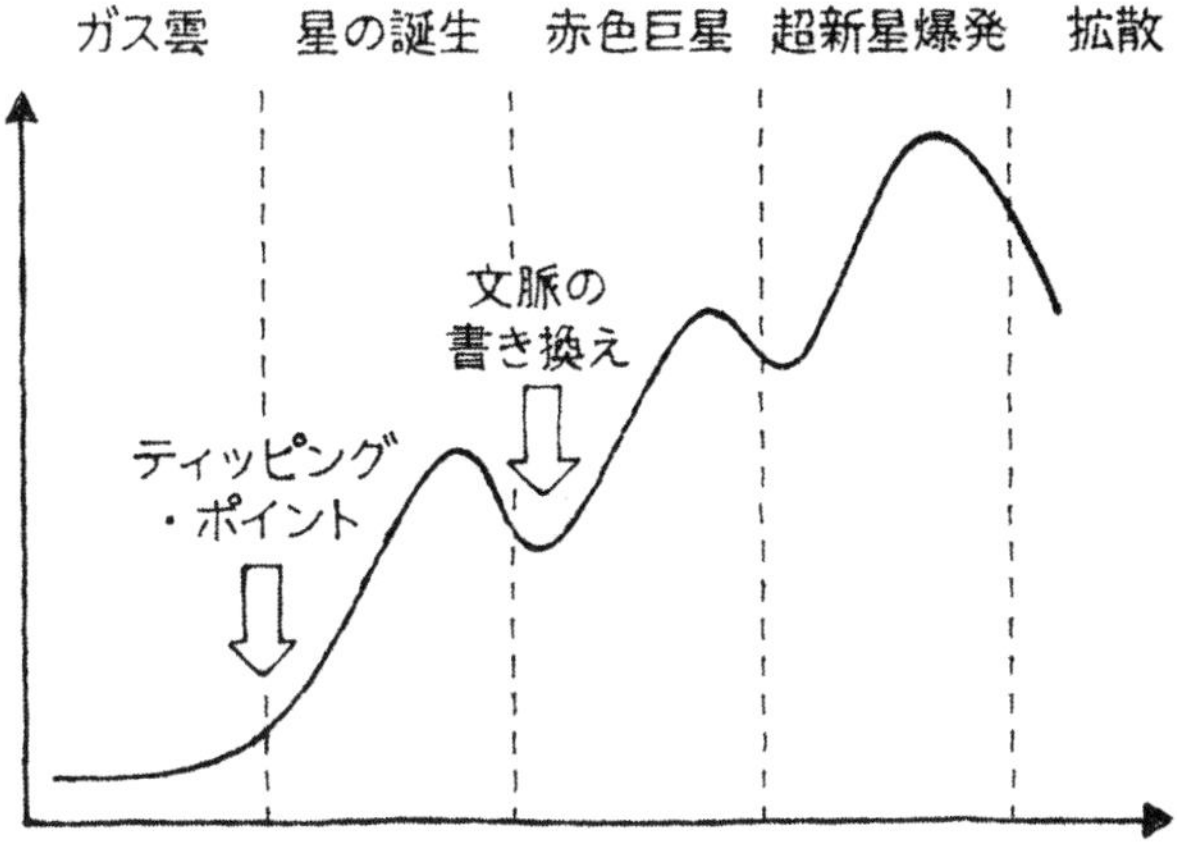
ガス雲
星の誕生
赤色巨星
超新星爆発
拡散
文脈の
書き換え
ティッピング
・ポイント

最初の段階は、星で言うと「ガス雲」、つまりまだ流行が生じる前の段階です。この段階では、先駆的な消費者がある「ネタ」を発見し、コミュニケーションの連鎖が生まれていますが、まだ大きな共同性、〈わたしたち〉は生まれていない状態です。これがあるティッピング・ポイントを超え、ひとつの「星」と呼べるまとまりを持つようになると、流行の拡大が始まります。

このとき、先駆的な消費者の動向に敏感な一部のメディアも、その流行を取り上げるようになり、追従的な消費者の中からも、「なんだか面白そうだ」と思う人が出てきます。ただ、このとき追従的な消費者には、先駆的な消費者が「面白い」と感じているネタの文脈までは伝わらず、流行の表面的な事実だけが共有されています。

追従的な消費者が、その流行に特定の文脈を見いだし、「ネタ」として利用するようになるのは、マスメディアなどによってその文脈が伝えられる「赤色巨星」の段階に入ってからです。このとき重要なのは、マスメディアが、先駆的な消費者の中にあったネタの文脈を、追従的な消費者向けに書き換えるということです。それと同時に、先駆的な消費者の中から、マス向けに書き換えられた文脈に対する「反発」や「飽き」が生じ

わたしたち消費の全体プロセス

星の一生	ガス雲	星の誕生	赤色巨星	超新星爆発	拡散
先駆的消費者	共通の文脈を共有する〈わたしたち〉が生まれる 文脈自体も成長する	消費スタイルの確立 ユーザー体験の感染を通じて文脈が固まる	マスメディアに取り上げられたことで文脈が変質し、飽きる消費者が出始める	マス化した文脈を共有できずに、次の文脈を求め始めるようになる	〈わたしたち〉性が見られなくなる
追従的消費者	文脈が見えない	周囲に体験を語る人が出始める まだ文脈を共有できない	マスメディアの「御墨付き」によって流行を認知し、その文脈を共有するようになる	マスの文脈によってのみ、その商品にアクセスするようになる 興味の無い人のところまで届く	流行の名残で、関連情報を目にするだけの段階
メディア		先進ユーザー向けのチャンネルに情報提供 マニアックな手法を採ってもよい	マス向けの文脈を大規模に提供する 既存の文脈を書き換える場合もある	より深い文脈を共有できない人向けの新しい文脈を提供し続ける	次の「ネタ探し」へ

ます。

ですが流行の全体的なプロセスとしては、さらなる拡大を目指して、別のメディアへと感染が拡大し、さらに新しい文脈が付け加わるということが起きます。「脳内メーカー」の例で言えば、それが「情報番組での紹介」から「脳内メーカーを用いたバラエティ」へと変化したということが、それに当たります。ここで流行は「超新星爆発」を迎え、もっとも拡大するわけです。

そして流行の最終段階では、それをネタにした人びとのコミュニケーションも拡散し、ふたたびガス雲となって次の流行を待つことになります。もちろん、このプロセスはミクロにもマクロにも応用可能ですし、必ずしもひとつの商品やサービスだけで考えることのできないものです。重要なのは、これがコミュニケーションの拡大のプロセスであり、その中に多種多様な商品・サービス・企業が関わることができるということなのです。

わたしたち消費の拡大のプロセス全体を、前ページのようにまとめてみました。ここでは、先駆的消費者、追従的消費者、メディアの三者が、それぞれの段階においてどのようなアクションを起こすかということが示されています。

わたしたち消費マネジメントの五つのポイント

キーパーソンをコミュニケーションの中心に

最後に、わたしたち消費のサイクルを回していくにあたって、企業が考えなければならないポイントを五点ほど挙げてみます。

一点目は、キーパーソンの重要性です。キーパーソンは、ネタ的コミュニケーションの中心となる人物であり、ときにはキーパーソン自身が「ネタ」になることもあります。また、キーパーソンの存在は、先駆的消費者、追従的消費者、メディアのそれぞれにおいて活かすことができます。

キーパーソンにとって重要なのは「信頼」です。ネタ的コミュニケーションの中心となる人物は、各段階に応じて、「話が面白い」「専門的な知識を持っている」といった要素をもとに、その他の人びととの信頼を獲得し、次のコミュニケーションを生み出していきます。先駆的消費者の中ではそれは〈わたしたち〉という共同性を生み出してくれる人、追従的消費者やメディアの中では、キーパーソンは「この人が言うなら面白いに違いない」と思わせてくれる技術や知識を持った人です。

むろん、こうした人びとをマネジメントするのは容易ではありません。彼らへの信頼は、他者によるマネジメントではなく、彼ら自身の人となりや専門的知識、経験に裏打ちされたものだからです。

とはいえ、キーパーソンの機能をうまく果たしている例がひとつあります。それは「本屋大賞」ブームです。本屋大賞とは、本が売れない時代に有志の書店員を中心に二〇〇四年から始まった一種の文学賞です。キャッチコピーは「本屋さんが一番売りたい本」で、書店員自身が読んで「おもしろかった」「お客に勧めたい」「自分の店で売りたい」本が投票され、一〇位まで選ばれます。

書店員が読者という立場から投票する点がポイントで、本屋大賞に選ばれた本はもれなくベストセラー入りしています。「書店員」という専門的知識と経験を持ったキーパーソンがコミュニケーションの中心になることで、〈わたしたち〉というつながりの感覚がうまく生まれたことが成功の秘訣でしょう。

プラットフォームを育てる

二点目は、ネタ的コミュニケーションを醸成するプラットフォームを、消費者に対して提供し、そこでのつながりを育てるということです。これは多くの場合、企業側の「持ち出し」になることが多いのですが、たとえばSNSのようなサービスを利用したり、リアルでのイベントを企画する、あるいはそうした企画が生まれやすいように、コンテンツの利用に対する制限を緩和するといった策が考えられます。

ウェブサービスを利用する場合、気をつけなければならないのは、決して消費者をひとつのサービスに囲い込んではいけないということです。それはたとえば、ある商品限定のユーザーコミュニティや、特定のトピック限定のSNSなどです。何度も述べているように、ネタ的コミュニケーションにおいては、コミュニケーションが次に接続されていくことがもっとも重要な要素になります。それゆえ、ユーザーの参加を制限したり、特定の商品についてだけのコミュニケーションを促すようなプラットフォームでは、コミュニケーションが活性化せず、参加の動機付けが生まれないのです。

また、リアルでのつながりを生むイベントが、こうしたネットのプラットフォームでの消費者の自主的な活動から発生することも多いということに注目する必要があります。アップルの製品プロモーションを買って出たファンたちは、iPhoneの発売という現実の「イベント」を消費すると同時に、それをさらにネットで報告して、次のコミュニケーションを生み出していきました。日本国内では、アニメやマンガの同人誌市場、およびコスプレパーティーなどが、そうした機能を果たしています。

企業が「協力者」として振る舞う

二点目と関連しますが、キーパーソンやプラットフォームを用いてコミュニケーションの場を育てるということは、とりもなおさず企業の側が、消費者に対する「ネタ」の提供者となると共に、コミュニケーションの輪の中に入る「協力者」として振る舞うということでもあるのです。

むろん、通常の企業活動をしているだけでも、それがひとつの「ネタ」として利用されていくということは生じ得ます。ですが、そこで「ネタにされる」内容は、必ずしも企業にとって都合のいいものばかりとは限りません。そこで、企業が積極的にコミュニケーションの「協力者」「参加者」として、消費者の輪の中に関わっていく必要があるのです。

ここでも、企業側のキーパーソンの存在が重要になります。コミュニケーションとは、消費者個人の目から見た場合、どうしても「人」単位で認識されるものです。企業側の人間であるにもかかわらず、キーパーソンとなり得る「面白さ」や「専門性」を兼ね備えた人物を、消費者の輪の中に参加させていくことが重要です。

こうした活動は、主にネットサービスの中でよく見られます。日本で人気のサービスをいくつも提供している株式会社はてなの場合、経営者や社員がサービス内にブログを開設し、また、企業としてのオフィシャルな情報だけでなく、そこでのコミュニケーションの参加者として、積極的に振る舞っています。海外の場合、ユーチューブの二人の創業者、チャド・ハーレイとスティーブ・チェンは、自分たちの会社がグーグルに買収されたことを発表する際、「やあ、買収されちゃったよ」というフランクなメッセージをユーチューブ上に動画で公開したことで、ユーザーに対して「これからも自分たちはユーチューブのノリを維持していくのだ」という印象を与えることに成功しました。こうした姿勢は、特に日本の企業に欠けている点だと思います。

消費者を「お客」として使い捨てにしない

四点目は、三点目と若干矛盾しますが、初期からのネタ的コミュニケーションに積極的に参加しつつも、そこで接続されているコミュニケーションの基礎となっている文脈を、流行の拡大に応じて書き換えるということです。言い換えれば、コミュニケーションのサイクルの拡大を望むなら、いつまでも内輪のノリを維持することにこだわってはいけないということです。なぜなら、その盛り上がりは永遠に続くものではなく、常に新しいネタの投入によって活性化されなければ、いずれしぼんでしまうものだからです。

最後のポイントは、ここまでのまとめとも言えますが、コミュニケーションを接続させて生まれた盛り上がりが、流行のサイクルの最終段階で拡散してしまっても、そこに参加した人びとまでもが拡散するわけではないということを、より重く受け止めるべきだということです。そこでガス雲のように拡散してしまったコミュニケーションは、再び別のネタへと接続され、次のコミュニケーションのサイクルを生み出していく核になり得るポテンシャルを持っています。消費者を単なる「お客」として使い捨てるのではなく、再びネタ的コミュニケーションを盛り上げてくれる「仲間」として手を取り合っていくことで、消費者と企業との間に、良好な関係が生まれます。

ひとつの製品を発表し、そのサイクルが収束するタイミングで、次の「ネタ」を提供し、それが新しいコミュニケーションとして活性化された時点で製品の正式発表、販売に踏み切るというサイクルを繰り返すアップルの戦略は、確実にこうしたことを意識しています。「お客様は神様です」から「お客様は私たちの仲間です」という姿勢への切り替えが、わたしたち消費をマネジメントしていく上で、企業が消費者に示すべきメッセージとなるのです。

さらに欲を言えば、そうして生まれた〈わたしたち〉の輪の中の活動から、ユーザー自身が収益を得ていくための仕組みが必要になると、私は考えています。というのも、現在のわたしたち消費を支えているのは、コミュニケーションによって生まれた盛り上がりであり、次のネタを盛り上げるために消費するという、「企業→消費者」の一方的な関係が前提になっているからです。

こうした関係は、コミュニケーションの盛り上がりと、ユーザー側の懐具合が良好である場合には維持可能ですが、ひとたびコミュニケーションが盛り下がると、「なぜこんなことにお金と時間を使ってまで参加しなければいけないのだろう」という疑問が、参加者の中に生まれてきます。結果的に、コミュニケーションのネタの提供は停滞し、潮が引くように、場はしらけていきます。

私自身、ネット上で大流行になったわたしたち消費が、ビジネスのあり方を変えるなどとさんざん騒がれたあげく、何も生み出さずに終わるという現象を何度も目にしてきました。その要因の大きな部分は、ユーザーの盛り上がりが、同時にユーザーにとっての収益になり、次の消費を促す資本になるというサイクルが存在していない、言い換えれば「単なる趣味」で終わっているからです。

わたしたち消費を支えるための資本を、別のユーザーが提供するのか、企業の側が提供するのか、お金が絡むことで、コミュニケーションがかえって停滞するのではないかなど、検討すべき課題はたくさんあります。しかし、コミケなどの同人誌市場の活況の背景に、「おもしろいユーザー活動にはお金を払う」というシステムと文化があり、それがコンテンツの提供者にとっても、様々な利益をもたらしているという事実は、わたしたち消費のビジネスモデル化を考える上で、明るい材料になっていると思います。

わたしたち消費の時代へ

以上、わたしたち消費という、コミュニケーションが次のコミュニケーションへと接続されていくことで、消費者に対してアクションを促していく新しいモデルを、具体例を交えながら説明してきました。さて、こうしたモデルは、果たしてこれから主流となり得るでしょうか。

市場の言語は、学問の言語と異なり、既に確定してしまった過去の出来事を明らかにするだけでなく、その先の未来にまで踏み出して、大胆な予測を行うことを必要としています。その意味で、ここまで私が述べてきたことは、既に生じた変化というよりは、これから生じうるであろう変化であり、私の望むひとつの未来像でもあります。

それが市場を支配する原則のすべてになるわけではありません。商品やサービスによっても、市場規模によっても、その変化の度合いは変わるでしょうし、市場の成熟度に応じて、変化のタイミングも異なるものになるでしょう。しかしながら、消費者の間ではぐくまれるコミュニケーションの接続に、企業側が「おもしろさ」を感じ、積極的に参加していくならば、既に長い時間を経て硬直しつつある日本の消費社会を、再び柔軟で、創造的な環境へと変えていくことができると、私は考えています。本書の議論から、そうした「おもしろさ」をくみ取っていただければ幸いです。

第五章　わたしたち消費のさらなる拡大メカニズム

共感力と発信力に優れたわたしたち拡大層

いまどきの売れ方パターン

昨今の売れ方のパターンを概観すると、次のような三つの傾向が目立ちます。

ひとつは、第一章でとりあげた「ロングテール」のような売れ方です。これは、ひとつひとつの売り上げは決して大きくはないものの、小さなニーズをひとつずつ掘り起こし積み上げると、案外大きな売り上げになる、という考え方です。店舗を持たずに販売するネット時代ならではの新しい売れ方パターンと言えます。

ふたつめは、最近目立ってきている、短い間にブレイクして、比較的短いスパンで終わってしまうヒットのパターンです。たとえば昨年、久々に洋画の売り上げを邦画が抜いて、「邦画ブーム到来」などと言われていますが、これらの映画の多くは公開後一週

【売れ方　3パターン】

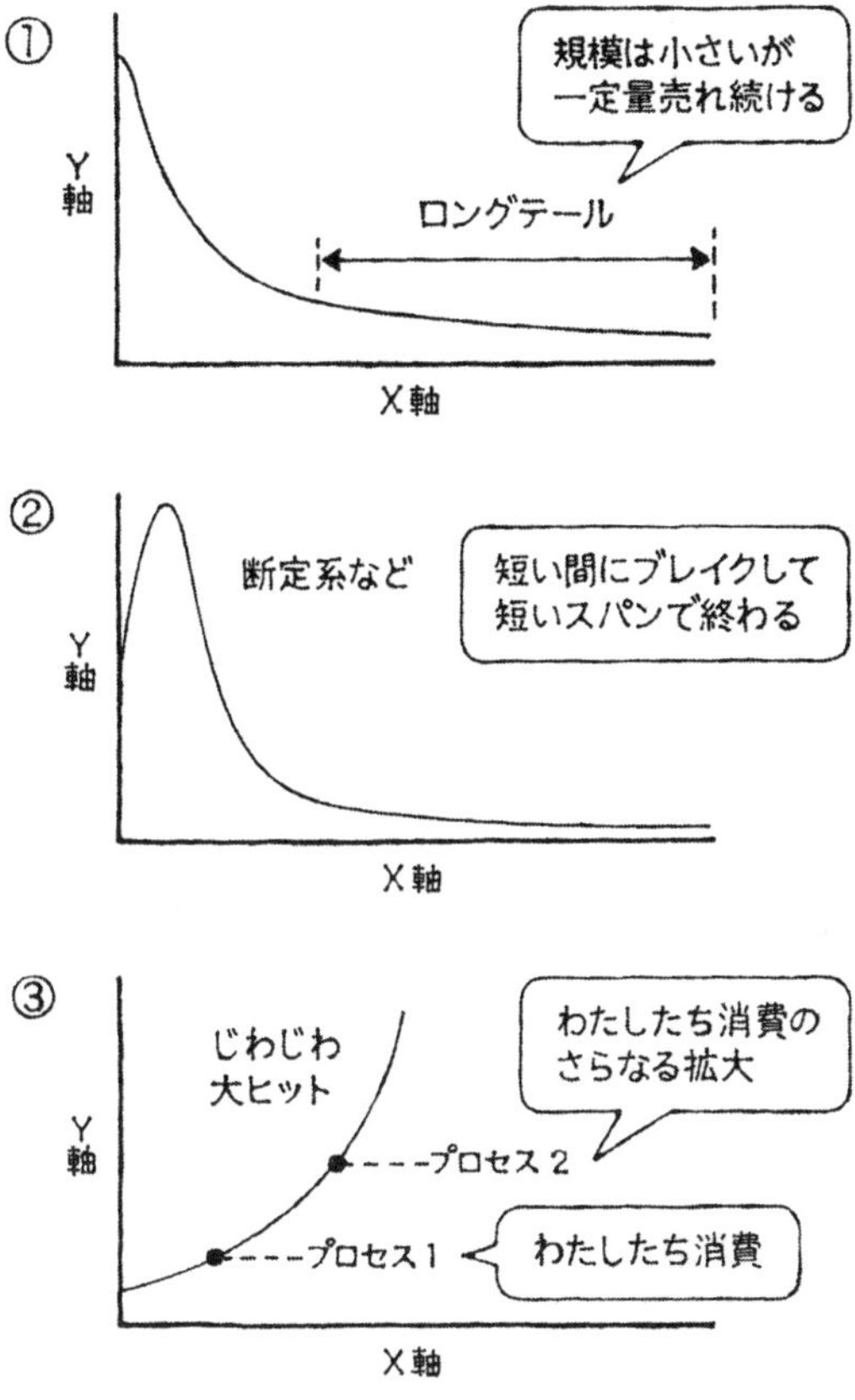
①
規模は小さいが
一定量売れ続ける
ロングテール
Y軸
X軸
②
断定系など
短い間にブレイクして
短いスパンで終わる
Y軸
X軸
③
じわじわ
大ヒット
わたしたち消費の
さらなる拡大
プロセス2
プロセス1
わたしたち消費
Y軸
X軸

間で動員のピークを迎え、その後トーンダウンするパターンが多いのです。また、「売れ筋ランキング」などといった「これが流行り」と「世間」が断定したものにとびつく「断定系消費」にも、こうした比較的短いスパンのヒットが見られます。

そして三番目が本章でとりあげる、〈初速は遅いがじわじわと大ヒットする〉パターンです。これは、第三、四章で説明してきたわたしたち消費がさらに幅広い層に拡大するときに見られる現象といえます。

前章までで説明してきたわたしたち消費は、整理すると、次のような二つの段階を経てより大きな売り上げを牽引すると言えます。

1．〈わたしたち消費〉の段階
そのジャンルのこだわり層や特定ファン層を中心に草の根的に評判を獲得して盛り上がり、〈共通文脈〉が形成されてプチヒットとなる。

2．〈わたしたち消費のさらなる拡大〉の段階
わたしたち消費の段階を経て、徐々に興味層を拡大し、〈共通文脈〉が拡大・転換

する。途中からマス広告やマス情報（番組や記事）が取り上げ展開することで注目度が上がり、一般層もまきこんだマスヒットに成長する。

こうした二つの段階から成る〈初速は遅いがじわじわと大ヒットする〉パターンは、言い換えれば、「姿の見えないヒット商品」が「姿の見えるヒット商品」に、徐々に変貌するプロセスとも言えます。

このような新しい売れ方のパターンはどのように起こっているのか。これまでのわたしたち消費の説明・分析を踏まえて、本章では、先ほどの二段階のうちの二段階目にあたる、〈わたしたち消費のさらなる拡大〉のフェーズを掘り下げ、そのメカニズムを探っていきます。

マスヒットが生まれにくいと言われる現代ですが、この部分のメカニズムに注目することで、新たな消費を引き出す切り口・突破口が見えてくるのではないでしょうか。

受動性と能動性をあわせもった現代人

わたしたち消費が一般層に拡大していくプロセスにおいては、わたしたち消費を〈わたしたち〉から一般層へ橋渡しをする「人」が重要となります。そうしたブリッジとなる「人」とは、どのような人々なのでしょうか。

二〇〇七年七月、電通で行った生活者インタビューから、わたしたち消費は、「情報が早くて、年代を越えた幅広い人脈を持っている人」、そして性格も、「社交的でコミュニケーション上手な人」に仲介されて、「その他の人々」に伝達されることが多いことがわかってきました。

さらに、「その他の人々」の間でその情報をより広く伝播させる際にキーとなってくるのが、「人の影響を受けやすくクチコミ発信もする、受動性と能動性をあわせもつ人たち」です。

一二歳から六四歳までの四三〇〇人の男女を対象にした調査（二〇〇七年七月電通実施）において、対象者の実に四三％の人が、「人に影響を受けやすく口コミ発信もする」と答えており、日本の生活者のボリュームゾーンを占めていることがわかります。

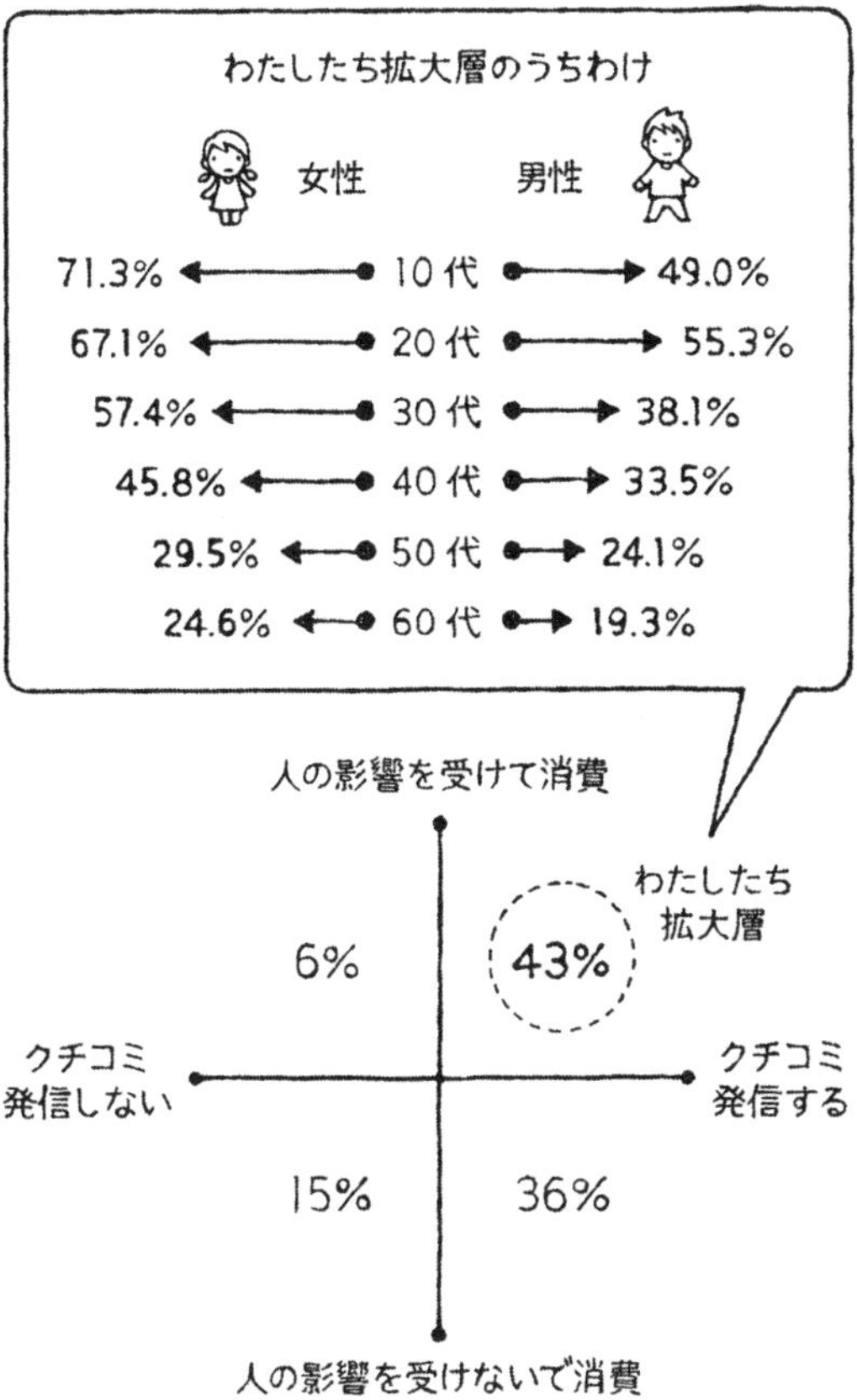

（2007年7月実施・電通 d-camp 調査・4300名対象）

第一章でも触れた従来の流行の伝播モデルでは、情報を発信するイノベーター（先駆的消費者）と、受け身のフォロワー（追随的消費者）とが完全に棲み分けをしていたのとは異なり、いまどきの生活者は、発信者と受信者の、両方の側面をあわせもっている人が増えていることがわかります。こうした人たちが、わたしたち消費を拡大する原動力になっていると言えます。

このように、受動性と能動性をあわせもって、「影響を受けたり与えたりする新しい共振構造」をもつ人々のことを、わたしたち消費をさらに拡大する人々という意味で、本書では〈わたしたち拡大層〉と呼ぶこととします。

つながりたい願望がヒットを生んでいる

このような〈わたしたち拡大層〉の活躍でヒットした商品はどのようなものが挙げられるでしょう。たとえば、彼らが全体平均より高い割合で所有したり経験しているのが、デジタル系では「脳トレ」や携帯型デジタルＡＶプレイヤー、健康・美容系では「岩盤浴・ゲルマニウム温浴」や「健康成分入り食品・食材ブーム」「健康機器・健康器具ブー

【わたしたち拡大層が牽引するヒット現象】

【最近1〜2年以内に購入または利用した】	わたしたち拡大層	調査対象者全体
・脳トレ	37.3%	29.6%
・携帯型デジタルAVプレイヤー	25.4%	18.1%
・岩盤浴・ゲルマニウム温浴	24.5%	18.6%
・健康成分入り菓子（GABA, ハイカカオチョコレート等）	36.9%	28.2%
・コラーゲン入り美容食品・飲料（アミノコラーゲン等）	27.9%	20.5%
・プレミアムビール	34.3%	29.9%
・IKEA	23.9%	17.9%
・映画『ALWAYS　三丁目の夕日』	23.1%	18.1%
・R25、L25	40.4%	32.4%
・ベストセラー新書本（『国家の品格』、『バカの壁』など）	15.6%	12.6%
【心ひかれたブーム】		
・健康成分入り食品・食材ブーム	22.4%	15.4%
・健康機器・健康器具ブーム（ジョーバ、ロデオボーイ、バランスボールなど）	21.0%	15.1%
・ビリーズブートキャンプブーム	22.0%	15.1%
・ヨガブーム	14.8%	10.0%
・美白ブーム	18.2%	12.3%
・韓流ブーム	12.5%	10.3%
・セカチュー（=『世界の中心で、愛をさけぶ』）ブーム	7.9%	5.2%
・千の風になってブーム	8.7%	6.2%
・スピリチュアルブーム（神社ブーム、パワーストーンブーム、オーラの泉ブーム等）	19.9%	14.1%
・細木数子ブーム	10.3%	6.7%

（2007年9月実施・電通インターネット調査・16-59歳男女・1800名対象）

ム」「コラーゲン入り美容食品・飲料」「ビリーズブートキャンプ」などです。他にも、通常のビールよりもやや価格設定が高い「プレミアムビール」や北欧家具メーカーの「ＩＫＥＡ」、約三〇億円の売り上げを記録し続編も公開されている映画『ＡＬＷＡＹＳ三丁目の夕日』のヒットもこうした〈わたしたち拡大層〉が牽引しているといえます（電通二〇〇七年九月インターネット調査より。一六―五九歳・一八〇〇人対象）。

彼らはまさに、その〈受発信＝インタラクション〉の中で生まれる創発的な情報と、共感の拡大を原動力として、新しいマス消費をつくりだす中心層だと言えます。しかも、その内訳をみると、六割強が、従来の「イノベーターではない人（＝非イノベーター）」のほうが多くなっています。いまどきのヒット商品の情報伝播では、イノベーターではない人たちも、流行を広める上で重要な役割を果たしていると言えます。

では、彼らはなぜ、いまどきのヒットを作りだす中心層になりえているのでしょうか。そのような動きをさせたパトス（＝情熱、熱情の意）はどこにあるのでしょうか。

それは、〈人とつながりたい〉〈相互共振したい〉という気持ちの強さにあると思われます。彼らの生きる原動力となっているのは、実は人との〈つながり意欲〉であり、価

【わたしたち拡大層の特徴】

【3～5年前に比べて強まっている気持ち】	わたしたち拡大層		調査対象者全体
●心の価値観を共有できる仲間がほしい	41.0%	>	35.3%
●人とつながって、心情や気持ちを交流・交換させたい	39.9%	>	31.9%

(2007年9月実施・電通インターネット調査・16-59歳男女・1800名対象)

【日頃のコミュニケーションの仕方】	わたしたち拡大層		調査対象者全体
●話題ネタを見つけることに気を使う	32.3%	>	24.9%
●共感・共鳴できるよう気を使う	32.4%	>	25.5%

(2007年7月実施・電通 d-camp 調査・4300名対象)

【日頃の情報行動について】	わたしたち拡大層		調査対象者全体
●好みや雰囲気の似た人の情報を参考にする	43.8%	>	33.8%

(2007年7月実施・電通 d-camp 調査・4300名対象)

	わたしたち拡大層		調査対象者全体
●商品を選ぶ時はランキング情報も参考にすることが多い	61.9%	>	43.9%

(2007年9月実施・電通インターネット調査・1800名対象)

値観や心情を仲間と共有することなのです。

たとえば、三〜五年前に比べて四割の人が、「心の価値観を共有できる仲間がほしい」という気持ちや、「人とつながって、心情や気持ちを交換・交流させたいと思う気持ち」が強まっていると答えています。

そうした気持ちの強さから、〈わたしたち拡大層〉は、他者といかに共有部分を持つか、そのためにいかにうまく他者から影響を受けて、共感・共鳴しやすくするかということに、無意識のうちに心を砕いているのです。彼らの三二・三％が「話題ネタを見つけることに気を使う」と答えています。また、「共感・共鳴できるよう気を使う」と答えた人も三二・四％に上り、全体平均の二五・五％を上回っています（電通二〇〇七年七月調査結果より）。

彼らにとっては、人との差別性を主張するよりも、人との共通点をみつけるほうを重視する気持ちがベースにあるのです。こうした、人との〈共通点さがし〉への強い熱意が、新しい形のヒットを生み出す原動力になっていると言えます。

『R25』を読み、感覚的に動かされやすい層

この他、〈わたしたち拡大層〉の特徴としては、次のような点が注目できます。

まず、感覚的・感情的・情動的に動くという特徴です。

三年前のセカチュー（＝『世界の中心で、愛をさけぶ』）ブームや、同じ頃に始まった韓流ブームは、最初は一部の人々から火がついたものですが、クチコミでじわじわと広まる中で熱気が増し、マスメディアでも評判になるに至ったものです。セカチューも韓流ブームも、最近の小説や日本のドラマにない、素朴でありながらも人の心の奥深くを揺さぶる、新鮮さを持っていたのです。この頃から、必ずしも理性的でなく、感覚的・感情的に動かされやすい、ということが、〈わたしたち拡大層〉の重要な特徴になってきているといえます。

二番目の特徴としては、共振（＝インタラクション）しながら意味変換・意味創造を行う点が挙げられます。彼らは、他者との共振型コミュニケーションの中で、つながりから生まれた自分なりの思い込みを商品に付与して意味変換・意味創造しています。

たとえば、知り合いのおしゃれな女の子がつけていた口紅と同じものをつけると、そ

の色の機能や効果以上に、「その子のおしゃれさをとりいれた感じ」に満足する、といった具合です。勝手に意味付与しているのですが、そうしたほうが、商品満足度もあがり、友達とのコミュニケーションも促進されるのです。

第三に、〈わたしたち目線〉と〈世の中目線〉の両方をあわせもっているという特徴があります。彼らにとっては、自分と嗜好性の合う友達との盛り上がりが最も重要で、約四四％の人が「好みや雰囲気の似た人の情報を参考にする」と答えています（電通二〇〇七年七月調査より）。一方で「世の中の動きに遅れたくない、はずれたくない、失敗したくない」という気持ちも強いので、世の中の動きを大まかにいつもチェックしています。リクルート発行の『R25』のような、社会ニュースをわかりやすく解説するフリーペーパーが人気だったり、様々なランキングが熱心にチェックされたりするのは、このためだと分析できます。ちなみに、〈わたしたち拡大層〉では約六二％の人が、「商品を選ぶ時はランキング情報も参考にすることが多い」と答えています（電通二〇〇七年九月調査より）。

四番目の特徴としては、ネットだけでなく、リアルな場でも活発に共振コミュニケー

【わたしたち拡大層の共振コミュニケーション】

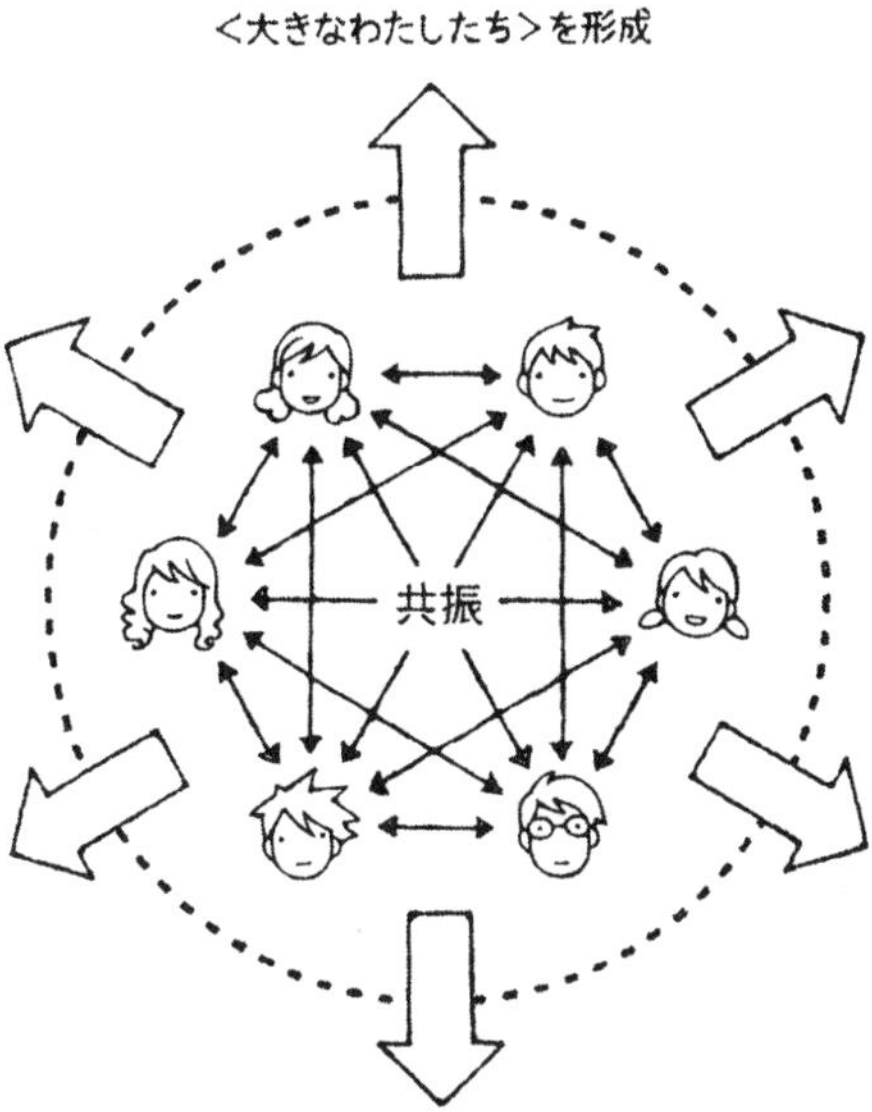

● わたしたち拡大層を中心とする＜共振型コミュニケーション＞においては、影響を受ける多くの人が主体となってお互いに影響し合い、自然発生的に世の中の価値ができる。

ションを行っている点が挙げられます。〈わたしたち拡大層〉はボリュームゾーンにあたるので、情報交換はネット以上に日常生活のなにげない場面（たとえば、ＯＬなら給湯室でのおしゃべりの中でなど）が中心となります。この点は、〈わたしたち消費〉を担っているこだわり層とは異なるといえるかもしれません。

新しいダイナミズムを持ったボリューム中盤ゾーン

このような、〈わたしたち拡大層〉の情報伝播のイメージは、サッカーのパスワークをイメージしてみるとわかりやすいでしょう。現代のサッカーでは〈中盤ゾーン〉が最も重要と言われていますが、〈わたしたち拡大層〉も日本人の中では〈中盤ゾーン〉のポジションにあたる人たちです。人からのパスを共感力をもって受け止めるのが上手で、またその反動で面白いパスをくりだせる。パスの相互交流が面白くとびかっているゾーンで活動しているイメージです。

そして興味深いのは、一人であっても、得意領域では先進層（＝フォワード）となり、またその他の領域では、〈わたしたち拡大層〉（＝ミッドフィルダーやボランチ）になる、ということで、流動的な構造になっていることなのです。

特にすごく先端を行っているわけでもなく、ただ流されるだけでもない、まさに〈中盤〉ボリュームゾーンの、新しい動的ダイナミズムをもった人々の姿がここから見えてきます。

また、自分でトレンドを作り出したり新しいものを見つけるほどイノベーティブではないけれども、既存のものをうまく編集し、自分なりに解釈する変換力が優れており、自分でみつけた価値をクチコミ拡大するチカラもある。世の中の流れに遅れたくない、というミーハー精神ももっている。総じて「中の上〜中の中」くらいの感度の人たちが多いと言えるでしょう。

こうした特徴に注目すると、新たな消費を引き起こすコミュニケーションの形態が見えてくるのではないでしょうか。

共振する社会の消費の行方

自発的に文脈の拡大・変更が行われている

〈わたしたち消費のさらなる拡大〉を起こし、〈わたしたち拡大層〉の心を共振させる要因にはどのようなものがあるでしょうか。重要なカギになってくるのは、次の六つの点です。

① 文脈置換で「空気」をつくる
② 商品を購入したくなるモチベーションとしての「環境づくり」
③ 情報の「半径10メートル化」で自分に関係付ける
④ 情動コミュニケーションで、伝達力をターボ化する
⑤ 感覚的なシンボル記号で、情報波及の核をつくる

⑥ 異質なものを共振させ、新しい共鳴をつくりだす

以下、順に説明していきます。

まず一点目の文脈置換で「空気」をつくるというポイントについてです。前述したわたしたち消費の段階で生まれた〈共通文脈〉は、そのさらなる拡大局面においても核となるのですが、ここで興味深いのは、文脈の拡大・変更（＝文脈置換）が、〈わたしたち拡大層〉によって自発的に行われていることです。彼らは自分がリアルだと感じる体感や体験感情から、自分なりに（商品や現象の）意味づけをして、マス情報も取り入れながら、自分たちの気分にフィットするものに変えていく力を持っています。言い換えれば、文脈置換とは、〈わたしたち拡大層〉が共振しながらつくりだす、新しい意味創造と言えるのです。

そして、こうして「文脈置換」を起こすことにより、わたしたち消費は、より広い一般層からの親しみや関心を獲得し、時代潮流に「のっている（＝はずれてない）」と思

えるものに形を変えて、さらに拡大していくのです。この成功例をいくつか紹介しましょう。

スローライフな乗り物に文脈置換され、自転車ブームに

たとえば、今ひそかにブームになっている自転車の場合、最初に火をつけたのは、ロードバイク等のレース用自転車マニアたちでした。彼らにとっては、自転車は、自動車やオートバイに比べてマイナーではあるが、自分の体で勝負できる極めてストイックで神聖な乗り物。練習することで、自分の人生をひとつひとつ乗り越えていく、まさしく汗と涙の結晶、という体験感情が共有化されていました。アルバイトで生活しているような人も、その体験感情を共有したいために、何十万円のイタリア製ロードバイクを買ったりする。その頂点に、ロック歌手の忌野清志郎氏がいたのです。

そこまでは、わたしたち消費の段階であり、知る人ぞ知るブームだったのですが、ある時期を境に、文脈置換が起こり、さらなる拡大をしていきます。

そのときの新しい共通文脈は、〝人間的スピード感を実感できるスローライフな（ロ

ハス的な）乗り物、自然と一体になれる乗り物〟であり、もう一方では、〝生活習慣病を克服し、肉体改造ができる道具〟という文脈も生まれていました。さらに、社会気分としての環境意識や健康意識ともあいまって、自転車ブームは中年層、若い女性層にまで急速に拡大し、ロードバイクとまではいかなくとも、家庭用自転車とは違う、スポーツ感の味わえるクロスバイクやマウンテンバイク、おしゃれな小径車など、人気商品も多様化していったのです。

これらはまさしく、〈わたしたち拡大層〉が自分たちの体感や体験感情に基づいて意味置換していったものです。

「毒出し」から「めぐる・だす」文脈へ置換されたデトックスブーム

新しい健康ブームとして、数年にわたり注目された「デトックス」も文脈置換によって大ブレイクした好例です。

実はこの考え方が提唱され始めた二〇〇〇年頃は、デトックスと言えば、「子どもと母親のデトックス」をテーマにしたものが多く、世の中一般ではそれほど大きな関心を持たれてはいませんでした。

しかし、二〇〇四年ごろから若い女性にターゲットを転換し、「女性のデトックスダイエット、デトックス美容」という内容でアピール（＝文脈置換）したところ、『Ｈａｎａｋｏ』『Ｏｇｇｉ』などに取り上げられ、特に『Ｈａｎａｋｏ』は完売するといった反響を呼びました。

ダイエットや美容に、体内の不浄なものを出すデトックスが効くということは〈わたしたち拡大層〉にとっては、体感的にも実感・共感しやすく、自発的な共振が起きやすかったのです。

ここがブレイクポイントとなり、さらに二〇〇五年八月にはＴＶの人気健康情報番組にも特集されて、大ブレイク。その後様々なメディアでとりあげられることとなり、岩盤浴、ゲルマニウム温浴、ミネラルウオーターなど、デトックス関連でヒット商品が出始め、発汗ブームも盛り上がり始めました。

興味深いのは、デトックスには、さらに二番目の文脈置換があったことです。最初の「毒だし」文脈がある程度浸透すると、今度は「めぐる・だす（＝体内を循環する＆体外に排出する)」文脈に注目するようになります。そして飲料といった多くの既存商品がこの「めぐる・だす」文脈で訴求点の見直しを行い、広告キャンペーンを打ち上げたため、この潮流に乗る流れが多方面で加速化して、デトックスブームはさらに長期にわたって注目を集め続けたのです。

マス情報による時代・潮流に合わせた文脈置換が拡大のフック

このような例にも見られるように、〈わたしたち消費のさらなる拡大〉化で重要な役割を果たし、大きなドライバー、牽引役を担っているのがマスメディアだと言えます。

わたしたち消費のときに主役をつとめるのは、いわゆる専門誌でしたが、そのさらなる拡大化を起こすときには、自転車の場合は『Tarzan』『LEE』などが、デトックスの場合には『Ｈａｎａｋｏ』など、いずれもライフスタイル誌が、新しい空気・文脈づくりに重要な役割を果たしました。ライフスタイル誌は、一部こだわり層のヒット商品を、広く一般にも受け入れられる、時代のライフスタイル文脈に転換する力を持っているのです。

ちなみにデトックスの場合、『日経ヘルス』でも一年間、毎月特集され続けました。ライフスタイル誌×専門誌という、系統の異なるチャンネルで取り上げられることが、さらに文脈を広げ、ブレイクしやすい状況を作ったといえるでしょう。

また、テレビ番組でも、スローライフ的生き方の象徴として、自転車ライフが取り上げられましたし、デトックスも、新しい健康法として健康情報番組に繰り返し登場しました。

このように、マスメディアが社会・経済的意義や健康的意義とも絡めて、自転車やデトックスの役割を解説し、多様な生き方という視点から注目し続けたことによって、初めてわたしたち消費は拡大化したと言えます。マスメディアによる世の中の空気づくりが、拡大の重要なフックとなったのです。

文脈置換にはCMが効く

また、当然のことながらCMも、〈わたしたち消費のさらなる拡大〉における文脈置換の大きな原動力となっています。

今回、ヒット商品を多数買っている主婦と独身女性に対し、購入に至るまでのプロセスを詳しく聞くディテールインタビューを実施しましたが、多くの商品のケースで、購入の際にCMが大事なフックとなっていました。

ひとつ例をあげると、プレミアムビールはその典型例と言えます。

プレミアムビールは従来は、「原料・製法にこだわった限定出荷ビール」として、一部のビールこだわり層に支持されてはいたものの、なかなか一般層には広がらなかった商品でした。しかし、「週末にはモードをチェンジして、ちょっと非日常気分を」というトレンドに乗って、一般層にも共感されやすい「週末に楽しむちょっと贅沢気分のビール」という場面×気分を提案したCMを展開したところ、〈わたしたち拡大層〉の心の琴線に触れ、幅広い層に共振して、〈わたしたち消費のさらなる拡大〉化に成功しました。

このように〈わたしたち拡大層〉は、CMから商品の存在を認知するだけでなく、商品のイメージや気分、使う場面など多彩な情報を受け取っており、情動的・感覚的に心を動かされると、興味が喚起されるようです。やはりCMは、〈わたしたち拡大層〉を動かす重要なメディアとなっているのです。

〈人〉×〈場〉の新イメージも、文脈を置換させる

文脈置換に効果的なのは、マス広告だけではありません。

最近、注目されているのが、〈ユーザーのイメージモデル〉です。たとえば、最近のマラソンブームがわかりやすいと思います。

二〇〇七年二月に、初めて「東京マラソン」が開催され、三万人の市民ランナーが参加したのですが、外国人ランナーや応援の沿道市民の参加も多く、予想以上の盛り上がりを見せました。また、マラソンを趣味とし、ホノルルマラソンを完走するタレントも注目され、数年前の人気モデル・長谷川理恵さんに続き、最近では同じく人気モデルの押切もえさんも完走。こうした展開があいまって人々に新しい体験感情を呼び起こし、マラソンは徐々に、「地味にストイックに、自分と戦うスポーツ」というイメージから、「おしゃれな人が取り組む身近なスポーツ」「精神的に強くなれるし、ダイエットにもいい」といった、ライトなイメージに変わってきているのです。

また、イベントやフラッグシップショップなどの〈場〉の展開も、文脈を塗り替えるのに効果的です。

このようにして、〈わたしたち拡大層〉は、自分たちの体感・体験感情をもとに「新しい意味や価値を作って」おり、そこからヒントを得て新しい商品展開やメディア特集も組まれるようになっています。

提供者の側（企業など）も、こうした消費者主導の意味置換が起こっていることをうまくキャッチし、消費者が創造した新しい意味をいち早く広告コミュニケーションにとりこんだり（＝いわゆる「CtoCtoB」）、さらに広告コミュニケーションから消費者がつくりだした反応を積極的にとりいれる（＝いわゆる「BtoCtoCtoB」）、などの試みが求められていると言えるでしょう。

商品を購入したくなるモチベーションづくり

二点目のポイントとして最近注目されているのが、商品を買う前の〈モチベーションづくり〉の重要性です。〈わたしたち拡大層〉は、周囲の友人たちの動向と共に、世の中や時代気分の動向にも敏感で、「世の中からおちこぼれたくない・はずしたくない」という気持ちが強いので、世の中の潮流づくりのための戦略PR（TV・新聞・雑誌情報など）に影響を受けやすいと言えます。

これまでの章でも取り上げてきましたが、たとえば、昨年空前のブームとなった「脳トレ」のヒットの背景には、数年前からの「脳ブーム」があります。脳への関心の高まりと共に、川島隆太氏監修の脳トレ本（『脳を鍛える大人のドリル』）のヒットや、ぼけ防止への潜在的なモチベーションが高まっていたことが後押し材料となっていることは間違いありません。

また、続いて人気となったニンテンドーDSのソフト、「漢字検定」もヒットしていますが、その背景には、「日本人は漢字が苦手」ということを新聞・雑誌記事などに戦略的にPR展開した、地道な時代環境づくりがあったようです。

また、「安眠できるおむつ」を発売したメーカーでは、購入のモチベーションづくりとして、「日本の赤ちゃんは夜更かし型。赤ちゃんは夜更かしするとホルモンや脳の成長を阻害しやすい」と警鐘を鳴らすPRを新聞・雑誌記事などで行っています。

このように、〈わたしたち消費のさらなる拡大〉を生み出すためには、商品そのもののベネフィットを伝えるだけではなく、その周辺や背景情報から、その商品を使いたくなるモチベーションづくりを行い、また世の中の潮流も必要性を認めていると感じさせる「空気」づくりも、重要になってきているのです。

社会性の付与が、消費を促進させる

もうひとつ、最近とみに注目されている社会貢献型のテーマ（環境、ボランティアなど）のイメージが加わることも、ある種の時代潮流にあわせた空気づくり、モチベーションづくりに効果的と言えます。

欧米に比べ、日本ではまだこのような社会貢献型テーマの広告キャンペーンは少ないのですが、たとえば、最近あるミネラルウオーターのブランドが展開している「ワンリッター・フォー・テンリッター」のキャンペーン（一リットル買うとアフリカに井戸をつくるのに貢献でき、結果的に一〇リットルくらいの寄付に相当するというもの）などは、テレビCMも使った展開で認知度も高く、本腰を入れて社会貢献テーマに取り組んでいるのが感じられる例と言えます。電通の生活者インタビューにおいても、この飲料を買うときに「これが寄付につながるんだな」ということが頭をかすめて、その参加感に押されて買った、という声が聞かれています。

注目したいのは、日本の若者や子どもも、こうした気軽なボランティア（＝ちょボラ）や環境問題に関心が高いことです。つながり欲求の高まりは、心からの笑顔が返ってくるボランティアや、地球のためを考えてちょっと行動してみる、ということにも、関心を向けさせているのです。

また、海外に目を転じてみると、米国では、Virgin Mobile の行った「The RE＊Generation」キャンペーンなどが、こうした例にあてはまります。Virgin Mobile の「The RE＊Generation」は、人気シンガー、ロックバンドから音楽の提供を受け、着メロや画像・ゲームなどを制作して、これのダウンロード料の利益の五％を、ホームレスなど問題を抱える若者の支援団体に寄付する、というもの。「着メロ募金」という考え方は、まだ日本ではあまり見かけない斬新なものですが、こうしたオリジナルな施策により、Virgin Mobile は、社会貢献型の、弱者と呼ばれる人々へのあたたかいまなざしもあわせもつ企業として、コーポレートイメージの文脈を拡大し、商品を購入したくなるモチベーションづくりも新たな視点から行っている、と言えましょう。

情報の「半径10メートル化」で自分ゴト化

〈わたしたち拡大層〉に〈自分に関係ある〉〈自分が使うモノ〉としてのリアルなイメージを持ってもらうには、マス情報だけでなく、〈自分に近い〉〈自分にとってリアル〉と思える、身近な情報に触れることが重要です。

今の時代は、人々の〈リアリティ〉の感じ方が変わってきており、マス情報だけでは〈世間全般の話〉ではあるが、自分にあてはまるのかどうかぴんとこない人も多いようです。皆に向けてではなく、〈自分に送られている、自分へのメッセージ〉と思わせ、〈自分ゴト〉と感じてもらわないといけないのです。

そこで、自分の身近な人や共感できる一般人の話、あるいは、自分にむけたメッセージと思えるミニメディアや、自分自身のトライアル体験などを通じてリアルな体験感情を感じさせ、自分に関係のある、自分ゴト情報として、捉え直してもらう必要があります。いわば、〈わたしたち拡大層〉と商品の間の心理的距離を縮める、情報の「半径10メートル化」が必要なのです。

その最もポピュラーな例が、誰か他の人の体験談や商品のトライアル体験を通じて「体験を感染」させていくことでしょう。

今回、ヒット商品を多数購入した主婦と独身女性に詳しく話を聞いた際も、驚かされたのは、広告に加えて、友人や家族からクチコミ体験を聞いたり、自分がトライアル体験をしたり……が、買うきっかけになることが多いという結果が出ました。

身近な他者の経験から受けとる体験感情や、実際の自分の体験が、その商品の文脈にリアリティを感じさせ、入り込みやすく、感情移入しやすくしているのです。

ちなみに電通の調査（二〇〇七年七月実施）においても、〈わたしたち拡大層〉の四割（調査対象者全体では三割）が、「売り場でのサンプルやテスターでの体験にひかれて商品をよく買う」と答えています。

このように、〈わたしたち拡大層〉が身近に感じる、「身の丈サイズで生活文脈に落とし込みやすい実感情報」を工夫し、「この商品は自分の生活ではこんなふうに使える」

などとリアルに想像させてあげることが、「体験の感染」につながり、周囲への感染力の強い情報になるのです。

新しい身の丈サイズメディアで、〈みんなで共振〉させる

また、情報の「半径10メートル化」の臨場感を感じさせるには、新しく台頭している様々な〈身の丈サイズメディア〉も有効です。嗜好性の合う仲間同士で共振して盛り上がり、情報創発していく〈共振型コミュニケーション〉に着目することで、より幅広い層に、〈わたしたち拡大層〉ならではのプチカーニヴァルを広げ、感染させていくことができるのです。

たとえば街メディアでは、『R25』『L25』『ホットペッパー』などのフリーペーパーは、こうした半径10メートル情報をネタ元にした伝播（＝情報のパスワーク）が活発に行われ、共感を集めている身の丈メディアと言えます。

おしゃれなカフェなどに置かれている「アドカード」、臨時ニュースがあった時に配られる「新聞号外」なども、工夫次第では仲間内で話題になりやすい、〈みんなで共振〉

しやすい等身大メディアと言えるでしょう。

また、ケータイでは着うた、ネットではブログパーツに何らかの宣伝ネタを仕込んだり、個人のブログやコミュニティ掲示板、ユーチューブなども、いつのまにか心の中に入り込み、次々に伝播させやすいメディアです。

みんなで商品を体感し感想をシェアできる〈みんな体感イベント〉や、『ホットペッパー』でやっているような「交流パーティ形式の商品体験イベント」、作者や製作者との交流イベントなども、〈共振型コミュニケーション〉をさらに盛り上げ、直接的に「体験を感染」させるのに有効な試みと言えるでしょう。

さらに、ラジオや店頭ＰＯＰ、街メディアなども、「あなたに伝えています」と感じさせる、パーソナル感覚のメッセージを出しやすいメディアと言えます。

またマスメディア自体も、もっと身の丈サイズのリアルメディアっぽく仕立てた情報を発信することもできるでしょう。リアルメディアっぽいテレビＣＭ、テレビ番組内でのリアルな紹介の仕方など、いろいろ工夫できるはずです。

このように〈わたしたち拡大層〉は、マスメディアだけでなく、様々な〈身の丈サイズメディア〉での生活文脈にアレンジした情報に反応し、感情移入していくので、こうした部分に着目しつつ、彼らの共振を促し、情報伝播のパスワークの流れを作り出すことが重要です。

起用タレントも〈身近さのある、となりのカリスマ〉的な人

このような流れの中で、広告を通じて共感されるタレントの特徴も、微妙に変わってきています。手の届かない憧れを感じさせるビッグタレントだけでなく、どこか身近さがあって、心理的距離感の近い人。本当は手が届かなくても、何か届きそうな錯覚を起こしてくれる人。

近頃主婦に人気の松嶋菜々子さんや三浦りさ子さんは、このような「身近さのあるカリスマ性」と「生き方・ライフスタイルへの共感・信頼」が人気の秘密となっているようです。

また、一般人でも、インターネットの世界でカリスマブロガーと言われる人たちは、コミュニケーションがママで共感力があり、等身大目線でプロシューマー的な情報を発

信できる、いわば〈となりのカリスマ〉的な人たちなのです。

情動コミュニケーションで、伝達力をターボ化する

そしてもうひとつ、わたしたち消費のさらなる拡大局面を特徴づけているのが、〈情動コミュニケーション〉です。インターネットも、昨年（二〇〇六年）くらいから、ブログやSNS、ユーチューブなどの急激な台頭で、「実利情報の時代から感情情報の時代にシフトした」と言われていますし、映画や本などのコンテンツ消費においても、三年くらい前から、〈泣ける〉〈笑える〉〈恋愛気分に浸れる〉など、その時どんな気分になりたいかという〈感情効用〉を消費する傾向がでてきています。店頭でも、店員さんの書いた手書きPOP（書籍なら「泣けます」など）に反応して売れ行きが変わるようになっています。

以前は皆で共有していた「社会全体の共通目標」や「共通ベクトル」がなくなってしまい、方向性が見えなくなっている中で、このように必ずしも理性的でなく、感覚的・感情的なものに人々は動かされるようになっているのです。

【情報量と消費可能情報量の推移】

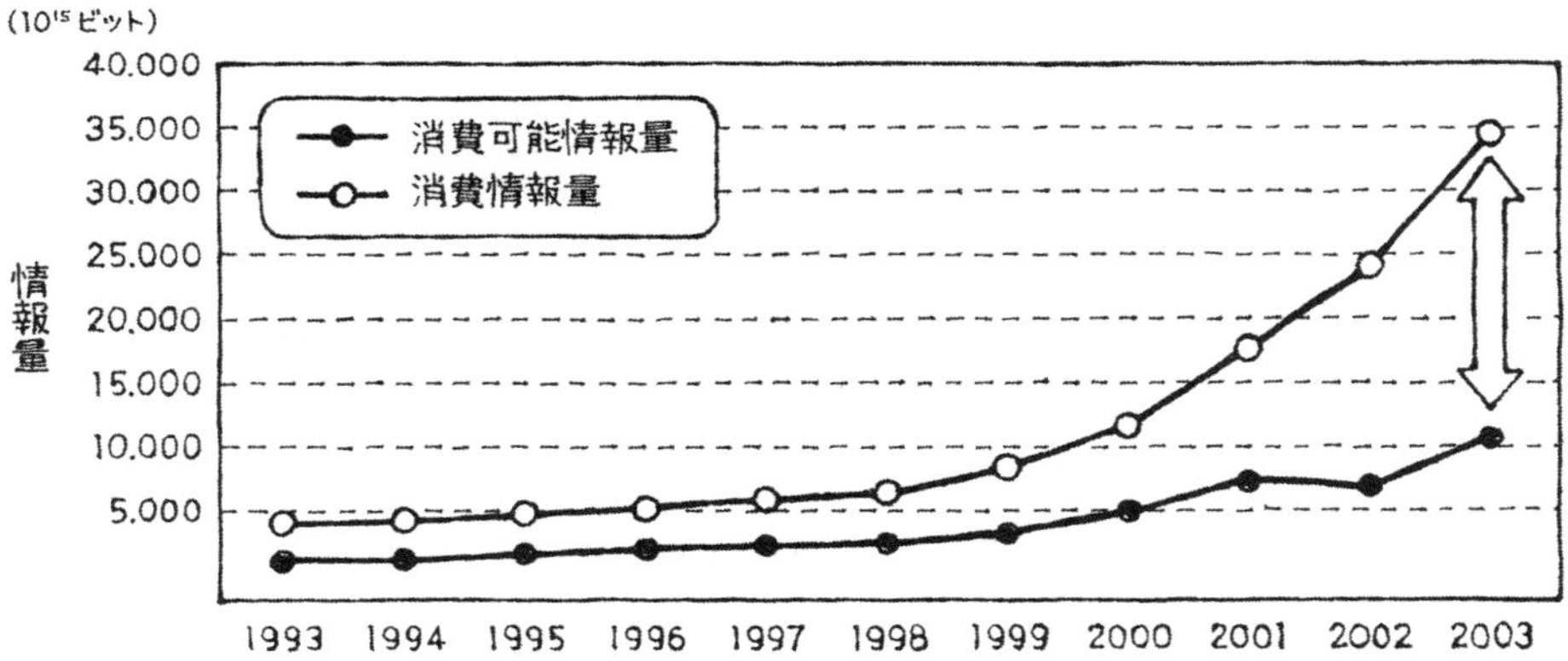

(資料:情報流通センサス調査)

生活者も「情報飽和」を実感

・世の中に情報が多すぎると感じる　　わたしたち拡大層 44.5%　　(調査対象者全体 47.6%)
・情報消化不良になっていると感じる　　わたしたち拡大層 18.6%　　(調査対象者全体 15.6%)

(2007年 7 月実施・電通 d-camp 調査・4300名対象より)

この背景には、二〇〇四年くらいから、インターネットの急普及とブロードバンド化により情報量が急激に増大し、人々が情報を処理しきれなくなってきたこと(=情報飽和化、情報臨界化)が、大きく影響していると思われます。情報が飽和点に達し、処理しきれなくなると、その反動で情報処理が単純化されると共に、感情的・感覚的な判断や消費も増えてくるのではないでしょうか(前ページのグラフ参照)。

〈情動コミュニケーション〉の注目点として、第一に、コミュニケーションの目的が〈情報摂取欲求〉から〈つながり欲求〉へ転化していることが挙げられます。コミュニケーションの目的が、単に〈情報を摂取したい〉ということから、〈他者とつながりたい〉という、〈つながり欲求〉に転化し始め、「部分的・瞬間的でもいいから、感情や情動でつながりたい」、「情を交換したい」という気持ちが強まっています。いわば、「情報社会」から「情動社会」へとシフトしてきている、と言えるのです。

こうした傾向からヒットしたと思われるものをいくつかあげてみましょう。

感覚的・情動的消費傾向が強まってきた例として、わかりやすいのは、先にふれた

「セカチュー」、そして韓流ブームです。「セカチュー」は決して「泣ける本」というわけではなかったのに、〈泣ける〉という情動型の売り方をしたところ、空前のマスヒットになりました。「韓流ブーム」が起こっているのも、韓国ドラマのほうがストーリーの起伏が激しく、情動を呼び起こすつくりに長けていたからだと言えます。

その後も、特に邦画においては、エモーショナルな部分をかきたてる手法が受けていることにあわせ、作家性・作品性よりも、感情をかきたてるほうにシフトする傾向が強まっているようです。

また、「おとりよせネット」で反響が多いユーザー・レビューの傾向も、興味深いです。「おとりよせネット」を主宰する粟飯原理咲さんにお話をうかがったところ、「この商品はこんなふうにおいしかった、こんな味がした」というような商品の中身、機能面に関する感想よりも、「この商品が家に届いたら、家族がこんな反応をして、いつもは○○を食べない夫も喜んで食べてくれた」といった、家族の反応ストーリーに敏感な人が多く、注文が増える傾向にあるのだそうです。これなどは、「自分の家族なら、子どもがこんなふうに反応しそうだな」とか、「食卓でのコミュニケーションがこんなふうにはずみそうだ」などと具体的に想像がふくらみ、自分もとりいれたい気持ちになる〈身の丈サイズの生活文脈情報〉と言えるのではないでしょうか。

このように、暮らしのコンテクストの中での臨場感・入り込みやすさを作ってあげることが、「自分にもあてはまる」と思わせ、〈感情移入できる入り口〉を用意することにつながるのです。

機能価値を心の価値に転換する広告が人気

商品の〈機能価値を心の価値に転換する〉情動コミュニケーションも、新しい形で感情コミュニケーションの開発を行い、成功している例が増えています。

ここではまず、最近人気のテレビCMの事例で、ある洗剤の例を紹介します。このCMは、ガテン系男性が楽しそうに洗濯をしている場面にインパクトがあり、「洗濯は女性がするもの」という固定観念を取り払った、「今までの洗剤とは違う、新しさを感じさせる」CMとして、主婦に大変人気のあるCMです。

主婦にグループインタビューを行って感想を聞いてみると、「今まで地味に女性が取り組んできた洗濯を、男性が楽しそうにやっているのを見ることで、自分たちが応援されている感じがする。しみじみと嬉しくなる」と言うのです。このCMなどは、商品の機能（=柔軟剤入りのやわらかく仕上がる洗剤）をストレートに伝えるのでなく、また単純に〈楽しい気分〉を伝えるのにもとどまらず、もう少し掘り下げた感情気分まで（=洗濯にまつわる女性の固定感情の払拭《ふっしょく》・解放）を伝えるのに成功した好例と言えるでしょう。

注目したいのは、伝わっている感情気分が、以前よりも、より掘り下げたものになっているという点です。テレビCMの情動セオリーも、より深化してきているのです。

もうひとつ、最近人気上昇中の、シャンパンに関する広告も、〈機能価値をエモーショナルな心の価値に転換〉した好例と言えます。あるシャンパンの広告は、従来はシャンパンとは何かを説明することに主眼がおかれていたのですが、もう少しエモーショナルな、喜びや楽しさを連想させる広告にしよう、ということで、「Be Fabulous（=遊び心のあるステキさ、の意味）」を二〇〇五年から世界共通のキャッチフレーズとして使い始め、同様のイメージを用いたPOP（店頭販促物）も作製し、飲食店での試飲など地道な販促活動や、様々なイベント、新しい商品展開をしたところ、〈わたしたち拡大層〉の共感や注目を呼び、最近では雑誌『Ｈａｎａｋｏ』でもシャンパン特集が組まれるまでになったのです。

感覚的なシンボル記号で、情報波及の核をつくる

情報・商品がたくさんある中で、人々のアテンション（＝注意）をキャッチするためのなんらかのシンボルが必要となります。そのために重要なのが、感覚的なシンボル記号だと言えます。〈わたしたち拡大層〉はこうした感覚的な要素をリアルな形で体感する際、自分なりに意味を読み込んでいく特徴を持っています。言わば、商品の意味を彼らがつくってくれるので、この傾向にあわせ、イメージを膨らませやすい感覚記号シンボルを用意することが、彼らを巻き込み、情報伝播させる核体験になりやすいのです。

感覚的に動かされやすい〈わたしたち拡大層〉は、「パッケージが違うと中身も違うのでは」……と連想する傾向があり、「見た目の印象の違い」は、想像以上に購入につながるパワーを持っています。たとえば電通が二〇〇七年九月に行ったインターネット

調査（一六－五九歳　一八〇〇人対象）でも、〈わたしたち拡大層〉の三九・二％が、「パッケージや形状にひかれて商品を買うことがよくある」と答えており、全体平均（三〇・二％）を大きく上回っています。

また、電通のグループインタビューにおいても、同様の発言が随所に見られました。あるプレミアムビールは、「明らかに普通のビールとは違う、金色と白の上質感のあるパッケージ」が、〈今までのビールとは中身も違うはず〉と想像させて、どんなふうに違うかまでは思い至らなくても、対象者を買いたくさせていました。

また、GABA成分入りのチョコレート菓子では、「赤くて、会社の机にも置ける丸いボックスタイプの箱」が、今までのチョコレートにないパッケージとして魅力となっており、さらに中身も、「何か今までにない要素があるのでは⁉」と期待させることにつながっていたのです。

また、カカオ成分のたくさん入った「ハイカカオチョコレート」も、各社から出ていますが、パッケージに何パーセント（例：七〇％）と大きく書いてあるのが、主婦やOLにとって新鮮で、今までにないチョコレートを食べてみたい、という印象を抱かせています。

さらに、形状が違うことも魅力になります。新しいタイプの高級カレールーを買った主婦は、「(広告タレントにひかれたのと、)形状が今までと違うのも売り場で確認し、いいなと思った」と発言しています(電通実施の主婦と独身女性へのグループインタビュー結果より)。

見た目が違うと、「中身も違うのでは……」と連想し、期待を膨らませてしまう。これが、いまどきの消費者＝〈わたしたち拡大層〉のよくある反応パターンであり、「自発的な意味の読み込み」なのです。

〈色・ビジュアル・映像・音＋体感〉で、感覚的に引き寄せる

電通消費者研究センターが主婦や若者に行った調査(二〇〇六年七〜八月実施)で、「興味をひく売り場」について聞いた自由回答結果においても、色・ビジュアル・映像や音で目立ったり、なんらか体感性のある売り場にひかれる、という答えが目立ちました。

たとえば、次のようなものです。

【売り場でひかれる感覚要素】

	わたしたち拡大層		調査対象者全体
●パッケージや形状にひかれて商品を買うことがよくある	39.2%	>	30.2%
●CMなどの広告から感じとったイメージ（タレントや場面・気分のイメージ、音楽等）にひかれて商品を買うことがよくある	38.5%	>	28.9%
●売り場で視覚や音、映像など、五感で体感できる要素にひかれることがよくある（等身大パネルやCM映像なども含む）	25.2%	>	18.8%
●売り場でのサンプル体験やテスター体験にひかれて商品を買うことがよくある	40.8%	>	30.6%
●売り場での手書きPOPにひかれて商品を買うことがよくある	23.9%	>	16.8%

（2007年9月実施・電通インターネット調査・1800名対象）

○等身大パネル　（化粧品・お菓子・家電などジャンルを問わず大流行。アイキャッチ力が大きい）
○カラーアイデンティティのある売り場　（ビールの青、アイポッドの黒、ＴＳＵＢＡＫＩの赤など）
○ＣＭ音楽の流れる売り場　（印象に残りやすく試してみようという気になりやすい）
○ＣＭ映像×音楽の流れる売り場　（売り場で映像×音は非常に効果的。感覚に訴えかける力が強く、興味をもたれやすい）
○体感型売り場　（商品の触感や、素材のオブジェ、使い方の実演映像などを体感できる。それぞれインパクトがあるので、印象に残り興味をもたれやすい）
○体感型・駅内広告　（駅のポスターにサンプルがずらりと貼られ、自由にとれるようになっていたり、駅の柱にパッケージの形がラッピングされていたり……といった体感型広告によって印象度が大きくなる）

このような、売り場や生活動線上のエリアで、五感で体感させるアプローチ（アイキャッチ、耳キャッチ、映像キャッチ、触感キャッチなど）が、感覚的にひきこまれやすい〈わたしたち拡大層〉には非常に効果的と言えるのです。この調査結果からわかるのは、主婦や若者などの生活者が、日頃、行き慣れている売り場で目がいくのは、売り場から飛び出たような〈3D的・立体要素〉を持っている体感ツールだということです。大型等身大パネルやCM映像、CM音楽などはまさに、売り場の範疇に別次元のメディアがくっついた、〈情報の立体化体験（＝3D化体験）〉を起こすものと、言えるのではないでしょうか。

こうした〈感覚的なシンボル記号〉をきっかけとして、〈わたしたち拡大層〉は自分なりにそこから体感した意味を読み込み、商品世界の中に入り込んでいくのです。また当然、印象深いインパクトを感じれば、周囲に伝播させたり共振拡大させる力も強いはずです。

また一方、〈わたしたち拡大層〉に感情移入させ、自由に意味を読みこむという点では、ユーザー・シンボルとしての〈人（＝ロールモデル）〉や、ゲームなどで自分の分身キャラとなる〈アバター〉なども効果的です。彼らは、商品ベネフィットとは関係なく、人（＝ロールモデル）のイメージやライフスタイルから勝手に好きな要素を商品に投影しており、そうしたイメージを付加することで、商品を使う楽しみや満足感も高めているのです。同様に、ゲームなどで使う〈アバター〉も、彼らが愛着を深め、自分なりの意味を付加するのに効果的な、注目ツールです。

異質なものを共振させ、新しい共鳴をつくりだす

最後に、〈わたしたち拡大層〉の特徴である〈共振型コミュニケーション〉というところにもう一度着目し、彼らが反応しやすい、〈異質なものを共振させる〉という傾向についても注目したいと思います。

最近、企業同士がコラボレーションした商品開発や、企業ブランド×デザイナーコラボによる限定商品開発（例：ユニクロ×企業コラボのデザインTシャツ、ユニクロ×若手デザイナーコラボ商品など）、売り場で違う商品を組みあわせて売られている風景（例：ウーロン茶とお茶漬けがとなりの売り場で売られ、「ウーロン茶漬け」を提案）、

売り場から飛び出し、通常とは違う意外な場所で売られる試み（例：車のディーラーで携帯電話を販売）などが目立ちます。

これらは、レベルは様々ですが、異質なもの同士が組みあわさり、お互いのインタラクション（＝共振）により創発的な情報（イメージや意味）を生み出す試みと言えます。この「新しい意味創造、意味置換」をインタラクションによってつくりだす、というところが、〈わたしたち拡大層〉的であり、彼らの好みにあっているように見受けられます。〈わたしたち拡大層〉はもともと、自分たちの体感や体験感情をもとに、他者と共振しながら自由に文脈置換していく人々だからです。

そのようなわけで、「企業コラボや、デザイナーコラボ、売り場のクロスMD、通常とは違う売り場に飛び出す試み」など、「異質なものどうしを組みあわせて、新しい共振や共鳴を生み出す」工夫は、〈わたしたち消費のさらなる拡大〉化や、さらに新しいフェーズ展開が必要な場面において、ブレイクスルーする有効なツールと言えるでしょう。

「大きなわたしたち」が、新しいマス消費を生む

前章で見たわたしたち消費が、本章でみたようにさらに拡大していくと、小さなわたしたちの積み重ねがいつのまにか大きな塊となり、〈大きなわたしたち〉とも言うべきものが生まれていることが確認できました。

一九六〇年代の〈大衆化〉から〈少衆化〉、さらには、〈個衆化〉と言われた時代を過ぎ、大衆は消滅したと言われていましたが、インターネットの普及と共にまた新たに人々がつながり始めて、〈わたしたち消費〉が生まれ、さらに〈新たな塊〉としての〈大きなわたしたち消費〉が生まれているのです。この塊は、かつての〈大衆〉のように常に塊として存在しているのではなく、日頃は小集団ごとにバラバラにわかれているのですが、〈共感できる何か〉が生まれ、それがたくさんの小集団に伝播していくと、途中から加速度的に大きな塊に成長するのです。それは、言いかえれば、〈新しい形のみんな〉と言うこともできるのではないでしょうか。

この、「小さなわたしたち」が集まって形成される「大きなわたしたち＝新しい形のみんな」が、現代の消費を動かす鍵となり、従来とは違った新しいマス消費を生むよう

になっているのです。

このようにして、〈小さなわたしたち〉が共振して、徐々に様々な小集団に伝播し、お互いに影響を与え合いながら〈大きなわたしたち〉に拡大していくさまは、まさに従来の大衆社会において見られた、少数のイノベーターから大多数の大衆へ伝播する、トップダウン型の情報構造とは決定的に異なっています。

こうした情報伝播における主役といえるのが、本章で見てきた〈わたしたち拡大層〉です。彼らこそ、商品を自分の文脈で解釈し直したり、さらにそれらを共振拡大させていく、新しい動的ダイナミズムを持った人たちです。また、消費のみならず、世の中全体を巻き込むブームや新しい価値観を作り出す、非常に注目すべき人たちなのです。

そして彼らを中心として、〈影響を受けたり与えたりする〉共振（＝インタラクション）を基本動作とした、新たな影響構造が形成され始めています。価値観を共有できる人たちと共振することで自分の存在価値を確認する、「共振する社会」が誕生しているのです。

あとがきに代えて

電通消費者研究センター

二〇〇六年末、私たちはいまどきの消費者像を明らかにしたいという問題意識から『アドバタイジング』vol．15「消費者はここにいる」（電通）を刊行しました。世代別、ライフスタイル別に、彼らが毎日どんなことを考えながら、どのような生活を送っているのか、今後にどのような展望を抱いているのかを明らかにしました。「広告が時代を映し出す鏡ならば消費も世の中の流れを色濃く反映する」という仮説に立ち、人々がどのような消費欲求を抱き、消費を通してどんな達成感や満足感を得たかを世に問う試みだったと言えます。

その執筆、編集プロセスのなかで解きがたいひとつの課題が浮かび上がってきました。それはかつてマーケティングや広告コミュニケーションが想定した大量消費社会においいて、その中核を担っていた大衆は一体何処へ行ったのかという問いです。一九八〇年代に提起された少衆・分衆論が指摘したように、大衆は細分化し、雲散霧消してしまったのか？　私たちはこの問いに答えるために、いくつかの試論を重ね、そのなかで、これまで勢いのあったクルマやパソコンの需要・販売に翳《かげ》りが出てきた点に注目しました。人口や世帯の変化による変調ではなく、かつて大きなマーケットであった若者層の購買が低迷しているのが原因ではないかといった議論が続いています。

かつての大衆は消費生活、消費社会システムと深く関係していたと言えました。しかし、個人消費がGNPの六〇%を超えている現代社会において、話題商品・注目商品は絶えず生み出され、時代を画するような商品やヒット現象が起きているものの、多くの人にとってはそうしたヒット現象を身近に感じられなくなっています。消費が停滞しているのではないかといった不安感と、一部でかまびすしい下流社会がそうした不安定要因を生じさせているとの見方ができます。

その一方で、従来考えられなかったようなメガヒット商品が生まれています。本書の冒頭でも述べられているように一部の人々が熱烈に支持している商品の存在、見えないヒット商品や現象が散見され始めているのです。ということは、現代においても大衆は存在しているのではないか？　われわれの眼に見えない形で、リサーチや情報の分析からは掬い取ることのできない「大衆」が依然存在しているとの予感が大きくなりました。

こうした状況の中で鈴木謙介氏の著書『カーニヴァル化する社会』と出会いました。ＩＴ化の進展が人々の、若者のコミュニケーションや欲望の満足にどのような影響を与えてきたか？　これからどうなるのか？　こうした疑問について、鈴木氏が提案する「カーニヴァル消費」は答えを出し、今後の大衆の在り方、消費社会の在り方に何らかの示唆を示してくれる新しいツールになり得るとの思いが募り、今回のプロジェクトが生まれました。

現在においても大衆、「大きな塊」は存在する。人々のニーズや需要がかつてのようなわかりやすい形ではなく、新しいカタチで存在している。その新しいカタチを明らかにしたい。お目にかかって話をしていく中で、「消費者がさまざまなメディアに接するクロスメディア社会で新しい大衆の出現が考えられる」という鈴木氏の指摘を受けて、その現場に立ち会ってみたい、新たな大衆の出現によって生活が、消費がどのように変化していくのかを一緒に分析し、新たな大衆が主役となる消費やヒット商品がうまれる過程を明らかにしたいという思いが募ってきました。

ネット上で消費者レビューやデータベースからの情報を受け取って自分の思いや意見を発信する人々。そこにつながっていく「わたしたち」という「大きな塊」が注目されています。ウェブを中心としたネット社会はもちろん、リアルな社会においても、人々は趣味や様々な人間関係のネットワークを新たに作り出し、そこで従来にない形で知恵や生き方、情報を交換交流しています。失われた十年といわれる長期不況を経て、大きな変化が見えているのです。

多くの人々がつながっていく社会においては、従来の地縁・会社縁・同世代縁を基盤とした共同体ではなく、緩やかな連携・つながりが消費や行動を読み解くキーワードになります。そして「わたしたち」という「新しい塊」から「わたしたち消費」、さらには「わたしたち消費のさらなる拡大」という、マスヒットが発生し得るメカニズムが見え始めています。いわば現代の「新大衆」の前髪をつかんだのではないかという確信が、このプロジェクトを通して芽生え始めています。

今後消費社会はどのように変わっていくのか。

私たちは二〇〇七年の年頭に「誰もが参加」「誰もが主役」の消費パラダイムを提案しました。消費者同士のつながり、自発性を注目していく中で新たな展開があることがわかってきました。かつてマーケティングはニーズの探索が全てと言っても過言でありませんでした。ニーズを発生させるウォンツを発見し、商品やサービスにつなげていくことが成功の秘訣と言われてきました。これからは人々の新たなつながりを起点とした消費状況やその実態、人々がお互いに影響し合うことで作られる新たな意味やうねりを注視することで、消費に求められる課題や解決の手掛りを得ることができるでしょう。

「わたしたち消費」から「わたしたち消費のさらなる拡大」を生み出すためにマーケテ

イング戦略・戦術を進化させていく必要がある時代だと言えます。

IT、ネットが発達した現代社会において、人々の情報発信がネット上での炎上に見られるような社会の混乱や崩壊へ向かうのではなく、商品サービス、情報の送り手と受け手、発信者がつくり上げ、つながりながら新しい意味を紡ぎだし、創造的でエキサイティングな消費者主権社会がうまれていることを実感します。こうした新たな大衆が見えたとき、「今」という同時代を生きている躍動感が湧きあがってきます。

ネット社会のみならずいわゆるリアル社会・生活においてもつながりの大切さが注目されています。二〇〇七年の国民生活白書のテーマは「つながりが築く豊かな国民生活」となっています。家庭、地域、職場のつながりが満足度を高めると結論付けています。さらにボランティアやNPO活動などに見られるように、より豊かな暮らしを求めて人々は新たなつながりを求めていくことでしょう。

鈴木謙介氏とのミーティングを重ねて本書の企画が立ち上がりました。協議を重ね、その協議をもとに鈴木謙介氏と電通・宮城美幸の共同執筆により、ひとつの本という形にまとめることができました。最後になりましたが、企画段階から完成まで幻冬舎・大島加奈子さん、フリーライター・海老沼邦明さんに多大なるご尽力をいただきました。深い感謝の気持ちをお伝えいたします。

本書は、電通消費者研究センターの主宰で
社会学者、鈴木謙介氏のご協力をいただき、
約一年にわたって取り組んできた
電通新大衆プロジェクトの研究成果をまとめたものです。
電通新大衆プロジェクトのメンバーは次の通りです。

宮城　美幸
藤本　旬
望月　裕
四元　正弘
佐々木　厚
桑原　和彦
石倉正二郎
上條　典夫

幻冬舎新書 062

わたしたち消費

カーニヴァル化する社会の巨大ビジネス

二〇〇七年十一月三十日 第一刷発行

著者 鈴木謙介＋電通消費者研究センター

発行者 見城徹

発行所 株式会社幻冬舎

〒一五一-〇〇五一 東京都渋谷区千駄ヶ谷四-九-七

電話 〇三-五四一一-六二一一（編集）

〇三-五四一一-六二二二（営業）

振替 〇〇一二〇-八-七六七六四三

ブックデザイン 鈴木成一デザイン室

印刷・製本所 中央精版印刷株式会社

検印廃止

万一、落丁乱丁のある場合は送料小社負担でお取替致します。小社宛にお送り下さい。本書の一部あるいは全部を無断で複写複製することは、法律で認められた場合を除き、著作権の侵害となります。定価はカバーに表示してあります。

©KENSUKE SUZUKI, DENTSU INC., GENTOSHA 2007

Printed in Japan ISBN978-4-344-98061-7 C0295

す-1-1

幻冬舎ホームページアドレス http://www.gentosha.co.jp/

＊この本に関するご意見・ご感想をメールでお寄せいただく場合は、comment@gentosha.co.jp まで。